Fantin Girard

Autocalibrage de séquences thoracoscopiques

Fantin Girard

Autocalibrage de séquences thoracoscopiques

Autocalibrage de l'endoscope pour une procédure
de chirurgie minimalement invasive

Presses Académiques Francophones

Impressum / Mentions légales
Bibliografische Information der Deutschen Nationalbibliothek: Die Deutsche Nationalbibliothek verzeichnet diese Publikation in der Deutschen Nationalbibliografie; detaillierte bibliografische Daten sind im Internet über http://dnb.d-nb.de abrufbar.

Information bibliographique publiée par la Deutsche Nationalbibliothek: La Deutsche Nationalbibliothek inscrit cette publication à la Deutsche Nationalbibliografie; des données bibliographiques détaillées sont disponibles sur internet à l'adresse http://dnb.d-nb.de.

Coverbild / Photo de couverture: www.ingimage.com

Verlag / Editeur:
Presses Académiques Francophones
ist ein Imprint der / est une marque déposée de
AV Akademikerverlag GmbH & Co. KG
Heinrich-Böcking-Str. 6-8, 66121 Saarbrücken, Deutschland / Allemagne
Email: info@presses-academiques.com

Herstellung: siehe letzte Seite /
Impression: voir la dernière page
ISBN: 978-3-8381-7245-3

TABLE DES MATIÈRES

3

4

LISTE DES FIGURES

9

11

LISTE DES TABLEAUX

LISTE DES ANNEXES

LISTE DES NOTATIONS ET DES SYMBOLES

Pour des raisons de lisibilité, la signification d'une abréviation ou d'un acronyme n'est souvent rappelée qu'à sa première apparition dans le texte d'un chapitre.

CMI	Chirurgie Minimalement Invasive
2D	Deuxième dimension
3D	Troisième dimension
CCD	Dispositif à transfert de charge (*Charge-coupled device*)
DLT	Transformation directe linéaire (*Direct Linear Transformation*)
RANSAC	Consensus d'échantillons aléatoires (*Random Sample Consensus*)
LIV4D	Laboratoire d'Imagerie et de Vision 4D
ACP	Analyse en Composantes Principales
SVD	Décomposition en valeurs singulières
RA	Réalité augmentée
$\mathbf{p}$	Vecteur (p_x, p_y, p_z)
M	Matrice
m_{ij}	Élément de la matrice placé à la ième ligne et la jième colonne
$\mathbf{M}^i$	ième colonne de la matrice
$\mathbf{M}_i$	ième ligne de la matrice
T	Opérateur transposée $(x_1, x_2)^T = \begin{pmatrix} x_1 \\ x_2 \end{pmatrix}$
$\lVert . \rVert$	Norme de Frobenius
$\wedge$	Produit vectoriel
. . .	

INTRODUCTION

Problématique

Ces dernières années, le développement considérable des techniques d'imagerie vidéo a permis d'explorer de nouvelles techniques de chirurgie dans le domaine médical et notamment celle de chirurgie minimalement invasive.

La chirurgie minimalement invasive (CMI) permet de réduire les risques opératoires pour le patient. Au lieu d'ouvrir le corps en pratiquant de grandes incisions, ce qui laisse des cicatrices, la CMI va consister à insérer une caméra, que l'on appelle endoscope, et des instruments chirurgicaux par de petites ouvertures. Cette chirurgie est aussi communément appelée chirurgie endoscopique.

La procédure de chirurgie ouverte s'oppose aux procédures de CMI où le chirurgien, au lieu d'opérer en observant directement le site chirurgical, opère à travers un écran qui diffuse ce que voit la caméra insérée dans le corps du patient (voir figure 0.1 page 16).

Plusieurs avantages de la CMI montrent l'intérêt d'une telle procédure et notamment une moindre perte de sang et une amélioration notable du confort pour le patient (cicatrices plus petites, douleur post-opératoires moindres).

Bien que la CMI présente les avantages précédemment cités, le chirurgien perd la notion de profondeur en regardant le site chirurgical à travers le moniteur. En effet, sa vision est limitée par la caméra monoculaire car une caméra fournit seulement une information 2D dont la vision est limitée par le champ restreint de la lentille.

15

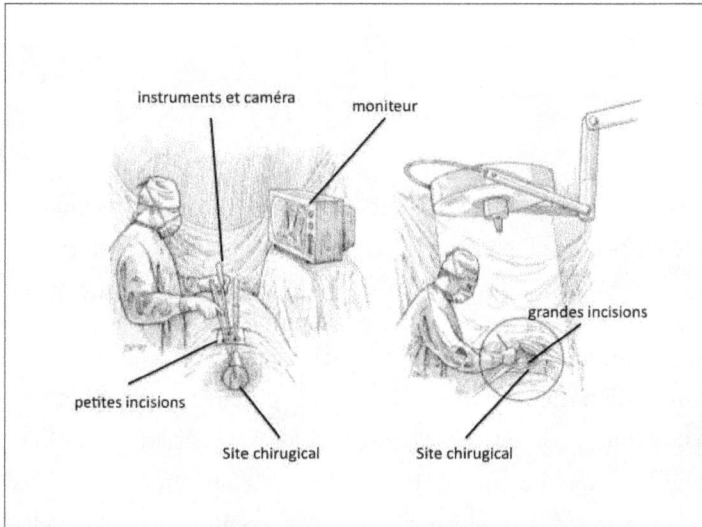

Figure 0.1 Comparaison entre la chirurgie endoscopique (à gauche) et la chirurgie classique (à droite) (Dickman et al., 1999)

Ainsi la connaissance du contexte et de l'anatomie autour du site chirurgical est réduite.

L'apprentissage de cette chirurgie est donc très exigeant et le praticien doit s'entraîner régulièrement pour apprendre à retrouver la profondeur à partir d'une information 2D.

Pour illustrer ce problème d'apprentissage, on peut considérer le traitement chirurgical non invasif d'une scoliose qui consiste à pratiquer, en préalable d'une correction de la colonne, une ablation partielle des disques interver-tébraux ; ces disques sont situés en avant de la moelle épinière. Ce site chirurgical est critique dans le sens où le chirurgien ne doit pas creuser trop profond pour ne pas toucher la moelle épinière ce qui serait dangereux pour le patient.

C'est pourquoi un système chirurgical de réalité augmentée peut résoudre ces problèmes en redonnant de la profondeur à la séquence d'images. En donnant au chirurgien une information sur la troisième dimension (3D), l'apprentissage sera simplifié et la chirurgie moins complexe. De plus, cette information supplémentaire va permettre d'élargir le champ visuel de la caméra monoculaire.

Notre laboratoire LIV4D du département de génie informatique et génie logiciel développe un système de réalité augmentée pour les chirurgies minimalement invasives du rachis. Ce système consiste à fusionner des modèles 3D préopératoires de la colonne avec les images endoscopiques afin de permettre au chirurgien une visualisation 3D des structures d'intérêt (voir figure 0.2 page 18).

Contexte du projet

Le contexte général du projet est donc de faire correspondre un modèle 3D pré-opératoire du patient aux trames de la séquence vidéo et cela en temps réel. L'image endoscopique va être replacée dans l'espace 3D et le chirurgien pourra se déplacer dans le modèle 3D pour faciliter l'opération. Il sera à même de savoir à quel point il est proche des structures critiques (l'aorte, la veine cave ou bien le canal thoracique qu'il ne faut pas toucher)

De tels systèmes de navigation 3D sont en cours de développement dans les domaines de cardiologie et de neurochirurgie. Cependant, la plupart des systèmes de navigation 3D pour la chirurgie de la colonne vertébrale sont développés à partir de marqueurs fixés sur les vertèbres afin de recaler le modèle 3D pré-opératoire ce qui est une procédure invasive compliquant

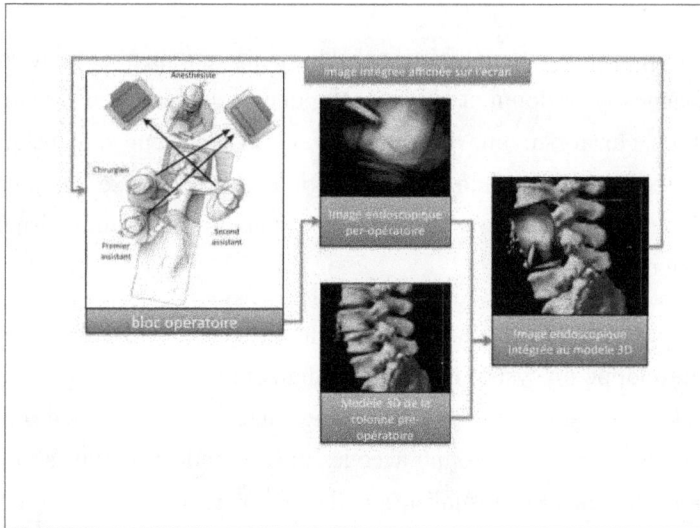

Figure 0.2 Schéma du système de RA pour la chirurgie de la scoliose

davantage le protocole chirurgical. Le but du projet est de ne pas utiliser de tels marqueurs et de développer un système reposant exclusivement sur l'information contenue dans l'image endoscopique.

Afin de faire correspondre le modèle 3D à l'image endoscopique, il est nécessaire de calibrer les paramètres intrinsèques (focale) et extrinsèques (position et mouvement) de la caméra endoscopique. Ce calibrage pourrait être réalisé avant l'opération. Cependant, le chirurgien, au cours de l'opération, va être amené à ajuster la focale ou le zoom au fur et à mesure pour visualiser plus correctement le site chirurgical. Cet ajustement implique un nouveau calibrage de la caméra. Au lieu de contraindre le chirurgien à effectuer un calibrage photogrammétrique en sortant l'endoscope du corps du patient, nous allons effectuer un autocalibrage à partir de la scène endoscopique.

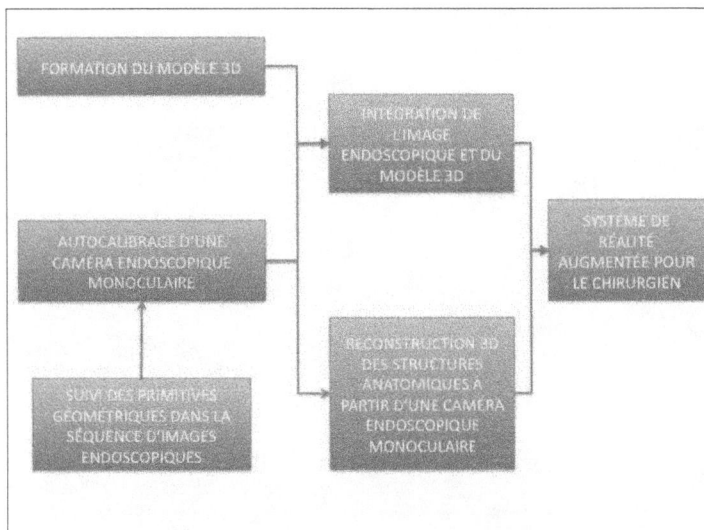

Figure 0.3 L'autocalibrage dans le projet

L'autocalibrage va permettre de faire correspondre le modèle 3D en temps réel à l'image endoscopique sans avoir recours à des marqueurs invasifs et en n'utilisant que l'information de la scène endoscopique. Il va permettre également de reconstruire en 3D des structures anatomiques à partir de la caméra endoscopique monoculaire (voir figure 0.3 page 19).

Objectif du projet

L' objectif du projet de maîtrise est donc de réaliser une méthode d'auto-calibrage d'une caméra endoscopique de focale et de zoom variables pour une séquence d'images thoracoscopiques. Le schéma sur la figure 0.4 page 20 montre les différentes composantes du projet.

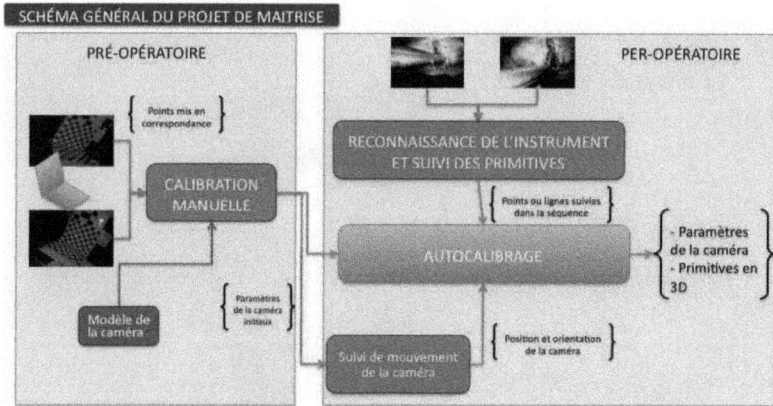

Figure 0.4 Schéma général du projet

Pour réaliser cet autocalibrage, il faut tout d'abord mettre en place une méthode de calibrage photogrammétrique (avec objet de calibrage) préopératoire afin de calibrer les paramètres qui ne sont pas modifiés pendant l'opération.

Puis au cours de l'opération, il faut mettre en place un système de suivi de mouvement pour mettre à jour les paramètres extrinsèques de la caméra. Enfin, afin d'estimer les paramètres internes de la caméra (zoom, focale) susceptibles de changer au cours de la séquence, il faut dans l'image utiliser les informations que l'on y trouve et les mettre en correspondance sur plusieurs trames de la séquence et cela automatiquement.

C'est pourquoi nous avons besoin de suivre des primitives géométriques (points et lignes en 2D) dans la séquence endoscopique pour obtenir le calibrage de la caméra.

Plan de l'ouvrage

Le présent ouvrage se subdivise en quatres chapitres. Tout d'abord la revue de littérature permet d'aborder le contexte général et de comprendre les différents concepts sur lesquels ce projet repose tout en faisant référence à la littérature. Puis, la méthode d'autocalibrage de la caméra endoscopique sera décrite dans le second chapitre. Le troisième chapitre permettra de présenter, d'analyser et de discuter les résultats des expériences effectuées en simulation et dans un environnement contrôlé. Enfin le dernier chapitre traitera de la conclusion et des perspectives de recherche pour les prochains travaux. En annexe sont présentées toutes les ressources méthodologiques qui ne se trouvent pas dans la méthodologie par un souci de concision.

CHAPITRE 1

REVUE DE LITTÉRATURE

La revue de littérature va permettre de présenter les méthodes de calibrage et d'autocalibrage d'une caméra existantes dans la littérature. Nous allons également étudier les modèles de caméra endoscopique et les méthodes de calibrage correspondantes. Enfin, nous étudierons les systèmes de suivi de mouvement et de calibrage pour une caméra endoscopique.

1.1 Modèle, calibrage et autocalibrage d'une caméra

1.1.1 Le modèle classique de la caméra à sténopé

Afin de mettre en place un tel système, il est nécessaire d'obtenir le modèle mathématique qui à un point en 3D dans le monde réel associe un point 2D dans l'image endoscopique (voir figure 1.1 page 23). Il sera alors possible de mettre en correspondance un modèle 3D de la colonne vertébrale à la séquence de l'endoscope.

1.1.1.1 Description du modèle de la caméra à sténopé

Le modèle de la caméra à sténopé correspond au modèle mathématique suivant.

Soit $\mathbf{p}(x, y, k)$ un point de l'image décrit en coordonnées homogènes et $\mathbf{P}(X, Y, Z, 1)$ un point de l'espace. Les coordonnées homogènes d'un point dans l'image sont définies à partir des coordonnées non homogènes u et v.

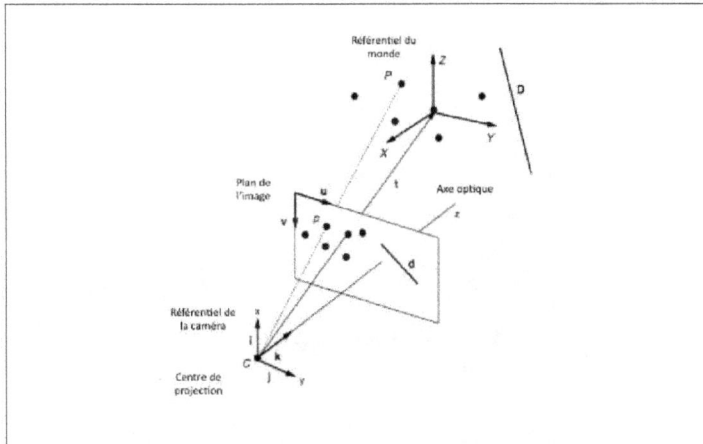

Figure 1.1 Modèle linéaire de la caméra

On retrouve u et v à partir des coordonnées homogènes de la façon suivante :
$\mathbf{p}(u = x/k, v = y/k)$.

Alors la caméra se modélise par une matrice 3x4 M telle que :

$$\mathbf{p} = M\mathbf{P} \tag{1.1}$$

Pour une caméra placée à l'origine et dont l'orientation est l'axe z, si on
se place dans le référentiel de la caméra, on obtient en notant f la focale
(distance de la caméra au plan de convergence de la lentille) :

$$M = \begin{bmatrix} f & 0 & 0 & 0 \\ 0 & f & 0 & 0 \\ 0 & 0 & 1 & 0 \end{bmatrix} \tag{1.2}$$

23

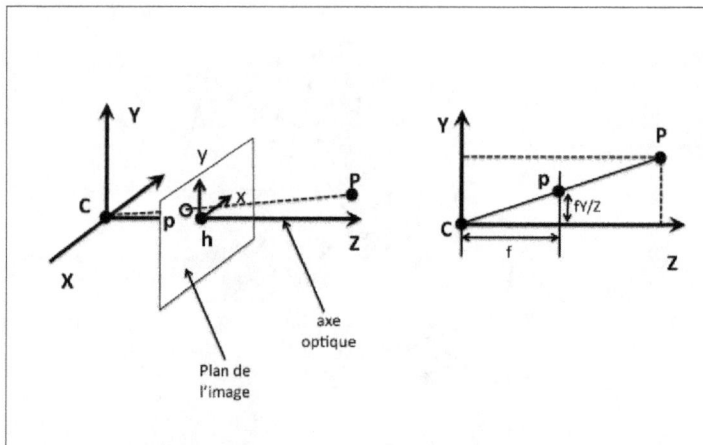

Figure 1.2 Géométrie de la caméra CCD ; h est le point principal

Cette relation se vérifie facilement avec la figure 1.2 page 24.

Si la position de la caméra ne se projette pas à l'origine du repère de l'image (voir figure 1.3 page 25) et que la caméra subit une transformation rigide (rotation puis translation) (voir figure 1.4 page 25) , on a en notant u_0 et v_0 les coordonnées en pixel de la projection $\mathbf{h}$ de la caméra dans l'image :

$$
M = \begin{bmatrix} f & 0 & u_0 \\ 0 & f & v_0 \\ 0 & 0 & 1 \end{bmatrix} . [R|\mathbf{t}] \tag{1.3}
$$

R est la matrice de rotation et $\mathbf{t}$ est le vecteur de translation. Enfin, pour une caméra réelle CCD (Charge-Coupled Device : à dispositif de transfert de charge), les coordonnées de l'image sont obtenues en pixels qui ne sont pas forcément carrés ce qui induit des facteurs supplémentaires m_x et m_y.

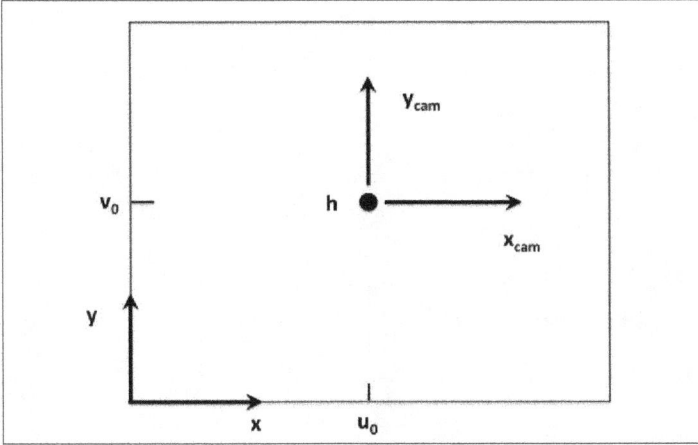

Figure 1.3 Référentiel de l'image et de la caméra ; $\mathbf{h}(u_0, v_0)$ est le point principal

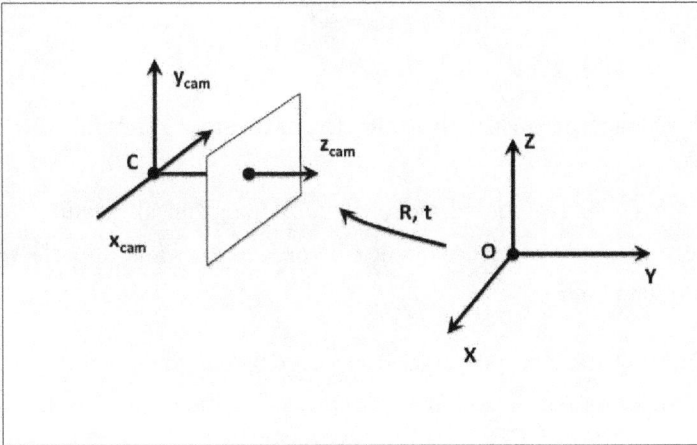

Figure 1.4 La transformation rigide entre le référentiel monde et le référentiel de la caméra

On appelle le rapport de m_y sur m_x le ratio d'aspect noté α. De plus, il faut ajouter au modèle le facteur d'obliquité s du pixel souvent égal à 0. Ce facteur d'obliquité est défini par l'angle d'inclinaison du pixel dans le cas où le pixel est oblique.

Ce qui donne finalement :

$$
M = K.[R|\mathbf{t}] = \begin{bmatrix} f_x & s & u_0 \\ 0 & \alpha f_x & v_0 \\ 0 & 0 & 1 \end{bmatrix} [R|\mathbf{t}] \tag{1.4}
$$

où

$$
f_x = f.m_x \tag{1.5}
$$

$$
\alpha = \frac{m_y}{m_x} \tag{1.6}
$$

1.1.1.2   Description du modèle de distorsion général

A ce modèle linéaire (pour des coordonnées homogènes), il faut ajouter les distorsions non linéaires telles que les distorsions dues aux imperfections des lentilles de la caméra.

Plusieurs modèles et types de distorsions existent dans la littérature. Du fait de l'imperfection dans l'élaboration du système optique et des lentilles le constituant, la relation linéaire décrite plus haut s'enrichit d'un terme non linéaire :

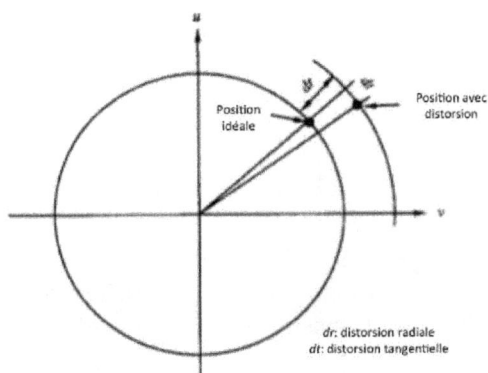

Figure 1.5 Distorsion radiale et tangentielle

$$u' = u + \delta_u(u, v) \tag{1.7}$$

$$v' = v + \delta_v(u, v) \tag{1.8}$$

On peut référencer trois types de distorsion (Weng et al., 1992) :

- la distorsion radiale causée par la courbure des lentilles

- la distorsion de décentrage causée par la non colinéarité des centres des lentilles, souvent nulle

- la distorsion *thin prism* : causée principalement par un défaut de la lentille

Ces distorsions ont pour conséquences deux types de décalage pour un point dans l'image : le décalage tangentiel et le décalage radial (voir figure 1.5 page 27).

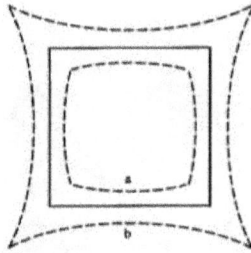

Figure 1.6 Effet de la distorsion radiale : a) distorsion avec k_1 négatif dit *en barillet* b) distorsion avec k_1 positif dit *en croissant*

Ces distorsions sont fonction du coût de la caméra.

Zisserman (Hartley and Zisserman, 2002) propose un modèle général pour décrire les décalages radiaux provenant des différentes distorsions (voir figure 1.6 page 28) :

$$\delta_u(u,v) = u.(k_1\sqrt{(u^2+v^2)} + k_2(u^2+v^2) + k_3(u^2+v^2)^2) \qquad (1.9)$$

$$\delta_v(u,v) = v.(k_1\sqrt{(u^2+v^2)} + k_2(u^2+v^2) + k_3(u^2+v^2)^2) \qquad (1.10)$$

Les k_i sont les coefficients du polynôme de distorsion, u et v les coordonnées dans l'image.

1.1.2 Définition du calibrage d'une caméra

Tsai définit le calibrage d'une caméra comme le procédé qui détermine les paramètres intrinsèques représentés par la caméra de la matrice K (f, u_0, v_0,...) et/ou les positions et orientations du référentiel de la caméra relatives à un référentiel défini (paramètres extrinsèques R et $\mathbf{t}$) (Tsai and Lenz, 1989)

Ce calibrage peut être mené pour deux principaux objectifs : déduire les informations 3D à partir des coordonnées 2D dans l'image ou déduire les coordonnées 2D de l'image à partir de l'information 3D en utilisant la relation du modèle de la caméra :

$$\mathbf{p} = M\mathbf{P} = K[R|\mathbf{t}]\mathbf{P} \qquad (1.11)$$

En général, le calibrage d'une caméra peut être divisé en deux catégories :

- le calibrage photogrammétrique utilise un motif précis (grille, échiquier,..) dont la métrique est connue pour calibrer la caméra. Ce calibrage peut alors être réalisé avec une bonne précision. Seulement, le calibrage photogrammétrique ne peut pas détecter de changement d'information au cours du temps (Lao et al., 2004).

- l'autocalibrage, au contraire, permet de calibrer une caméra sans aucune connaissance de la scène (Triggs, 1997). Littéralement, l'autocalibrage consiste à réaliser un calibrage uniquement à partir de l'information contenue dans la séquence d'images de la caméra. L'autocalibrage est cependant souvent explicité comme la récupération de la reconstruction métrique (K, R et $\mathbf{t}$) de la scène à partir de la reconstruction projective (M) (Habed and Boufama, 2004). Effectivement, supposons que N points 3D $\mathbf{P}_j$, $j = 1..N$ soient observés par une caméra se déplaçant à différentes positions i. Seules les mises en correspondance des projections $\mathbf{p}_{ij}$ de ces points dans la séquence d'image sont connues. Il existe alors plusieurs matrices M^i pour chaque i et points 3D $\mathbf{P}_j$ qui vérifient $\mathbf{p}_{ij} = M^i\mathbf{P}_j$. Les points $\mathbf{P}_j$ forment alors une reconstruction projective. La reconstruction métrique consiste alors à trouver la bonne matrice projective H telle que pour tout i, $\mathbf{p}_{ij} = (M^iH)(H^{-1}\mathbf{P}_{ij})$ où $(H^{-1}\mathbf{P}_j)$ est la reconstruction dans l'espace euclidien et $MH = K[R|\mathbf{t}]$. Seule la reconstruction métrique a un sens visuel.

Nous allons étudier les méthodes de calibrage photogrammétrique dans un premier lieu. Puis, les méthodes d'autocalibrage existantes dans la littérature seront décrites.

1.1.3   Méthodes de calibrage photogrammétrique

1.1.3.1   Méthode de calibrage par transformation linéaire directe (DLT)

Cette méthode conçue par Abdelaziz et Karara (Karara and Abdel-Aziz, 1974) est une méthode qui consiste à estimer la matrice de projection M en résolvant un système surdéterminé d'équations linéaires à partir d'un objet de calibrage dont les positions des points $\mathbf{P}_i$ sont connus et non coplanaires.

La matrice de projection relie un point $\mathbf{p}_i$ d'une image extraite d'une séquence vidéo à un point de l'espace 3D $\mathbf{P}_i$ de la manière suivante :

$$\mathbf{p}_i = M\mathbf{P}_i = K[R|\mathbf{t}]\mathbf{P}_i \tag{1.12}$$

$\mathbf{p}_i$ et $\mathbf{P}_i$ sont décrits en coordonnées homogènes.

Les matrices de projection ont donc 12 inconnues et, à un scalaire près, possèdent 11 degrés de liberté. Chaque point de correspondance que l'on trouve sur les images donne deux équations. Effectivement l'équation 2.11 peut se réécrire en considérant le produit vectoriel entre les deux termes de l'équation, produit vectoriel qui est nul ($\mathbf{p} \wedge \mathbf{p} = \mathbf{0}$) :

$$\mathbf{p}_i \wedge M\mathbf{P}_i = \mathbf{0} \tag{1.13}$$

Ce qui donne en notant $\mathbf{m} = \begin{pmatrix} \mathbf{M}_{1j}^T \\ \mathbf{M}_{2j}^T \\ \mathbf{M}_{3j}^T \end{pmatrix}$ pour $j = 1..4$ le vecteur des éléments de la matrice M composé des lignes de la matrice :

$$\begin{bmatrix} \mathbf{0}^T & -\omega_i \mathbf{P}_i^T & y_i \mathbf{P}_i^T \\ \omega_i \mathbf{P}_i^T & \mathbf{0}^T & -x_i \mathbf{P}_i^T \\ -y_i \mathbf{P}_i^T & x_i \mathbf{P}_i^T & \mathbf{0}^T \end{bmatrix} \begin{pmatrix} \mathbf{M}_{1j}^T \\ \mathbf{M}_{2j}^T \\ \mathbf{M}_{3j}^T \end{pmatrix} \iff A\mathbf{m} = \mathbf{0} \tag{1.14}$$

La matrice A est de rang 2 puisque la troisième ligne est une combinaison linéaire des deux autres lignes :

$$\mathbf{A}_{3j} = -\frac{1}{\omega_i}(\mathbf{x}_i \mathbf{A}_{1j} + \mathbf{y}_i \mathbf{A}_{2j}) \tag{1.15}$$

Ainsi, un point nous donne deux équations linéairement indépendantes.

Donc, avec au minimum 5 points et une des coordonnées d'un sixième, les éléments de M peuvent être estimés.

Avec $n > 5$ points, le système surdéterminé $A\mathbf{m} = 0$ est obtenu. Ce système revient à minimiser $\|A\mathbf{m}\|$ sous la contrainte $\|\mathbf{m}\|=1$.

La solution **m** de ce problème est le vecteur singulier correspondant à la valeur singulière la plus petite. Pour une démonstration de ce résultat, voir l'annexe A sur la résolution de système surdéterminé du type $A\mathbf{m} = 0$ par décomposition en valeurs singulières.

Les matrices de projection finales sont alors obtenues pour chaque image.

Une première estimation de la matrice de paramètres intrinsèques est obtenue en décomposant la matrice de projection avec une décomposition RQ (voir annexe A pour les détails de cette décomposition). La matrice M est alors décomposée en une matrice triangulaire supérieure correspondant à K et en une matrice orthogonale correspondant à R.

Pour retrouver **t**, la position de la caméra **C** est calculée à partir des vecteurs $\mathbf{M}_{ij}$, pour $i = 1..3$, représentant les colonnes de la matrice M :

$$\mathbf{C} = - \begin{bmatrix} \mathbf{M}_{i1} & \mathbf{M}_{i2} & \mathbf{M}_{i3} \end{bmatrix} \mathbf{M}_{i4} \tag{1.16}$$

On peut donc calculer maintenant le vecteur **t** de la matrice des paramètres extrinsèques $[R|\mathbf{t}]$ qui par définition est égal à $-R\mathbf{C}$.

1.1.3.2 Méthode de Tsai

La méthode de Tsai est une méthode rapide et souvent utilisée pour calibrer une caméra (Tsai, 1987).

Elle se déroule en 2 étapes : la première étape consiste à récupérer la matrice R et les deux premiers termes de la translation **t** en résolvant des équations linéaires ; la deuxième étape permet de trouver f, le troisième terme de la translation et le terme d'ordre 1 de la distorsion.

La méthode est très rapide et efficace.

1.1.3.3   Méthode de Zhang

La méthode de Zhang estime les paramètres extrinsèques et intrinsèques de la caméra grâce à une grille de points coplanaires (Zhang, 1999).

La méthode se situe entre les méthodes photogrammétriques et les méthodes d'autocalibrage car les équations sont calculées à partir des points 2D dans l'image et donc, à part pour l'optimisation finale non linéaire, les points 3D n'ont pas besoin d'être connus.

Soit deux points coplanaires p_i et p_i' décrits en coordonnées homogènes dans une image, il existe une transformation H que l'on appelle homographie telle que :

$$\mathbf{p}_i' = H\mathbf{p}_i \qquad (1.17)$$

De la même manière que pour l'algorithme de DLT vu plus haut, on peut, avec au minimum 4 points mis en correspondance et indépendants, déterminer H. Il faut prendre garde au fait que parmi les 4 points il n'y en est pas 3 qui soient colinéaires. De plus, on peut estimer H à partir de 4 lignes. On peut combiner les deux types de primitives, points et lignes, mais en combinant 3 points et 1 ligne ou encore 3 lignes et 1 point mais pas 2 lignes et 2 points (menant à une colinéarité des points).

La méthode de Zhang forme deux contraintes sur H à partir de la matrice de rotation R dont les vecteurs sont orthogonaux entre eux.

Pour chaque image, on obtient alors les deux équations suivantes :

$$\mathbf{H}^{1T}K^{-T}K^{-1}\mathbf{H}^2 = 0 \qquad (1.18)$$

$$\mathbf{H}^{1T}K^{-T}K^{-1}\mathbf{H}^1 = \mathbf{H}^{2T}K^{-T}K^{-1}\mathbf{H}^2 \qquad (1.19)$$

On pose $B = K^{-T}K^{-1}$. B a 5 degrés de liberté. Donc avec 3 images ou plus, le nombre d'équations est supérieur à 6 et la matrice B peut être trouvée.

Ensuite, on peut facilement retrouver K à partir de B.

L'algorithme termine par une optimisation finale non linéaire qui minimise l'erreur de reprojection.

1.1.4 Etude des paramètres intrinsèques variables

Avant d'aborder les méthodes d'autocalibrage, il est nécessaire de connaître les dépendances des paramètres intrinsèques entre eux. En effet, les paramètres intrinsèques d'une caméra ne sont généralement pas fixes et ont une dépendance non linéaire entre eux.

Ainsi Willson décrit un modèle où u_0, v_0, R et $\mathbf{t}$ dépendent polynomialement de la focale et/ou du zoom(Willson, 1994) (voir figure 1.7 page 35).

Cela est dû au fait que l'axe mécanique des lentilles est différent de l'axe optique (Willson and Shafer, 1994) (voir figure 1.8 page 35).

En effet, l'axe mécanique, défini lors de la fabrication des lentilles, selon la machine qui enlève les bords de la lentille, est en pratique différent de l'axe optique.

34

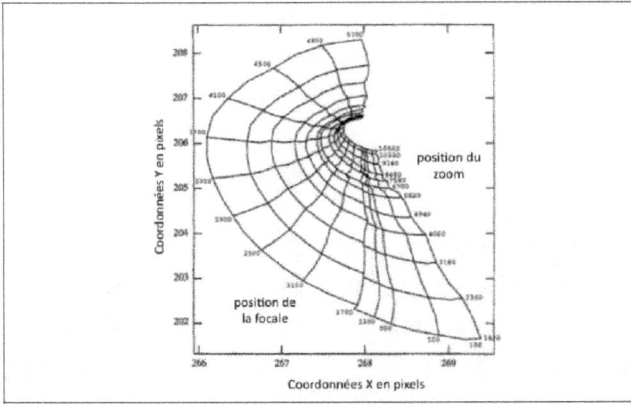

Figure 1.7 Variation du point principal en fonction de la focale et du zoom (Willson and Shafer, 1994)

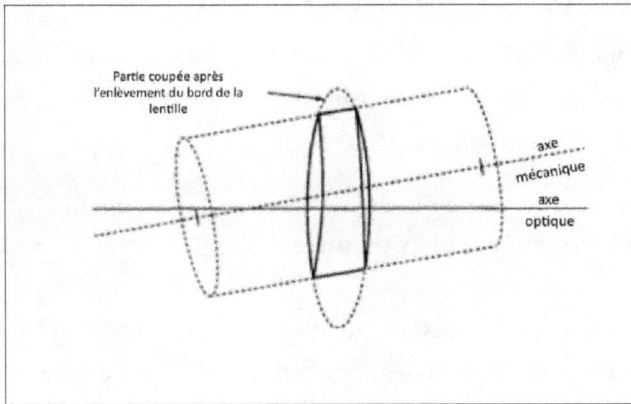

Figure 1.8 L'axe mécanique est différent de l'axe optique (Willson and Shafer, 1994)

35

Ce modèle n'est alors valable que pour une certaine distance entre l'objet et la caméra. Effectivement, la distance entre l'objet considéré et la caméra a un impact sur les variations des paramètres. Il faut également connaître les propriétés physiques de la caméra, c'est-à-dire savoir de combien la focale ou le zoom ont été modifiés. De plus, l'apprentissage de départ pour connaître le modèle est assez fastidieux s'il doit être réalisé pour chaque utilisation.

Le point principal (u_0, v_0) peut varier également selon la définition pratique que l'on considère (Willson and Shafer, 1994). Traditionnellement, le point principal est défini comme le point d'intersection entre l'axe optique et le plan de l'image. En pratique, ce centre peut alors être aussi défini comme le centre de la distorsion radiale, comme le centre de la perspective ou encore comme le centre numérique de l'image.

1.1.5 Méthodes d'autocalibrage

Contrairement aux méthodes de calibrage photogrammétrique où les positions 3D d'un objet de calibrage sont connues, les méthodes d'autocalibrage sont utilisées dans le cas où une caméra est en mouvement et observe une scène dont la 3D est inconnue.

1.1.5.1 Cadre théorique de l'autocalibrage

Généralement, si il est nécessaire de devoir calibrer sans objet de calibrage et uniquement à partir des images, il faut tout d'abord obtenir une reconstruction projective, c'est à dire obtenir les matrices de projections M^i sur toutes les images i d'une séquence et une estimation 3D n'ayant pas de sens métrique des $\mathbf{P}_j$.

Avec les correspondances entre les images seules, les matrices de projection de la caméra et la reconstruction de la scène peuvent être trouvées à une transformation projective près (Pollefeys et al., 1999).

La reconstruction de la scène est alors appelée projective; elle n'a pas de sens métrique, comme on l'a vu plus-haut, mais vérifie la relation suivante :

$$\mathbf{p}_{ij} = M^i \mathbf{P}_j \tag{1.20}$$

Le principe général de l'autocalibrage va être de déterminer la transformation projective H, à partir des contraintes sur l'autocalibrage, qui transforme la reconstruction projective en une reconstruction métrique, c'est-à-dire obtenir les matrices $M^i H$ et les points 3D équivalents $H^{-1} P_j$.

En se plaçant dans le repère de la première caméra $(M^1 = K^1[I|\mathbf{0}])$, on peut exprimer la matrice H par l'équation suivante :

$$H = \begin{bmatrix} K^1 & \mathbf{0} \\ -\mathbf{v}^T K^1 & 1 \end{bmatrix} \tag{1.21}$$

Alors en notant $M^i = [A^i|\mathbf{a}^i]$ et $\mathbf{p} = -(K^1)^{-T}\mathbf{v}$, on trouve l'équation de base de l'autocalibrage (Hartley and Zisserman, 2002) :

$$K^i K^{iT} = (A^i - \mathbf{a}^i \mathbf{p}^T) K^1 K^{1T} (A^i - \mathbf{a}^i \mathbf{p}^T)^T \tag{1.22}$$

Les inconnues dans cette équation sont le vecteur $\mathbf{p}$ et les éléments de $K^i K^{iT}$. Il y a donc 8 inconnues dans cette équation.

Pour résoudre une telle équation, la méthode va être de trouver des contraintes sur les matrices K^i sachant qu'il nous faut au minimum 8 équations pour trouver les 8 inconnues.

La matrice $K^i K^{iT}$ correspond, dans la littérature, à l'image duale de la conique absolue notée $\omega*^i$. Une fois que l'on connaît $\omega*^i$, on peut retrouver les matrice de paramètres intrinsèques K^i.

1.1.5.2 Méthode spécifique de résolution des équations de l'autocalibrage

Plusieurs méthodes existent pour résoudre les équations de l'autocalibrage.

Pour obtenir une reconstruction projective, les différentes matrices M^i sont calculées à partir des matrices fondamentales, elles-même estimées à partir des mises en correspondance dans les images.

Soit F définie comme la matrice fondamentale. Elle relie deux points $\mathbf{p}$ et $\mathbf{p}'$ dans deux images différentes de la manière suivante :

$$\mathbf{p}' F \mathbf{p} = 0 \tag{1.23}$$

L'estimation de F entre deux images nécessitent 8 points de correspondances.

Pollefeys impose ensuite des contraintes sur les K^i en fixant l'obliquité à 0 et le ratio d'aspect à 1 et en supposant u_0 et v_0 constants et résout l'équation 1.22 en introduisant la quadrique duale absolue $Q*_\infty$ (Pollefeys et al., 1999) :

$$\omega* = M Q^*_\infty M^T \tag{1.24}$$

38

La solution non linéaire consiste alors à minimiser le critère suivant :

$$min \sum_{i=1}^{n} \| \frac{K^i K^{iT}}{\| K^i K^{iT} \|} - \frac{M^i Q^*_{\infty} M^{iT}}{\| M^i Q *_{\infty} M^{iT} \|} \| \qquad (1.25)$$

Souvent, néammoins, les équations de Kruppa sont utilisées pour résoudre l'autocalibrage.

À partir de F, on peut former, grâce à la géométrie épipolaire, les équations quadratiques de Kruppa dont les inconnues sont les éléments de la matrice $K^i K^{iT}$. Ainsi grâce à l'estimation de la matrice fondamentale, on peut estimer la matrice de paramètres intrinsèques.

Ces équations sont difficiles à résoudre et sont adaptées dans le cas où il n'y a que deux vues (Hartley and Zisserman, 2002).

Luong et Faugeras présentent plusieurs algorithmes pour résoudre les équations de Kruppa (Luong and Faugeras, 1997).

Une fois la matrice ω^* obtenue, on trouve K^i en décomposant ω^* par la méthode de Cholesky. La factorisation de Cholesky décompose une matrice symétrique défini positive A en un produit d'une matrice triangulaire supérieure U avec sa transposée tel que $A = UU^T$.

Les paramètres extrinsèques de la caméra sont alors obtenus par l'estimation de la matrice essentielle notée E qui ne dépend que des paramètres extrinsèques. La matrice essentielle se calcule à partir de la matrice fondamentale de la façon suivante :

$$E = K^{iT} F K \qquad (1.26)$$

1.1.6 Etude des dégénérescences générales pour le calibrage

Les mouvements dégénérescents sont des mouvements caractéristiques qui rendent le calibrage impossible.

1.1.6.1 Dégénérescence pour l'estimation des matrices de projection

Pour les méthodes de calibrage et d'autocalibrage, l'estimation de la matrice projective M peut être ambigüe (c'est à dire donner plusieurs solutions) pour certaines configurations de points (voir figure 1.9 page 41) notamment :

- lorsque les points sont tous coplanaires

- lorsque les points appartiennent à une cubique twistée (voir figure 1.10 page 41).

- lorsque les points appartiennent à l'union d'un plan et d'une ligne contenant le centre de la caméra.

Wu définit une méthode robuste pour reconnaître ces configurations critiques en donnant un critère d'appartenance à la cubique twistée pour 6 points (Wu and Hu, 2006).

1.1.6.2 Dégénérescence pour la résolution de l'équation d'autocalibrage

Pour chaque méthode de résolution de l'autocalibrage, il existe donc des contraintes sur les mouvements qui, si elles ne sont pas respectées, entraînent

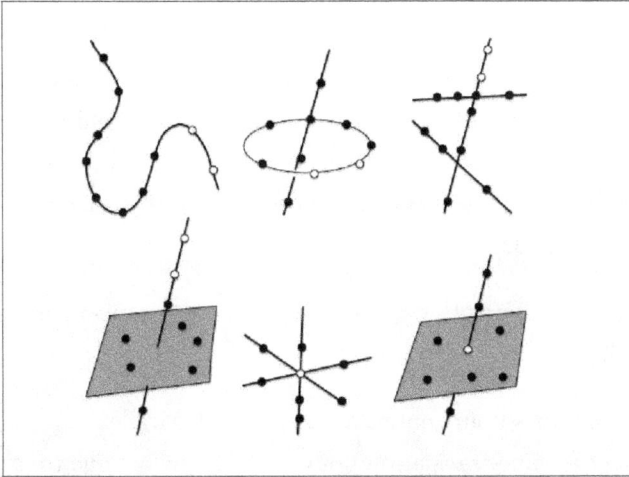

Figure 1.9 Les différentes configurations critiques de points : les cercles pleins représentent les points et les cercles vides, les caméras (Hartley and Zisserman, 2002)

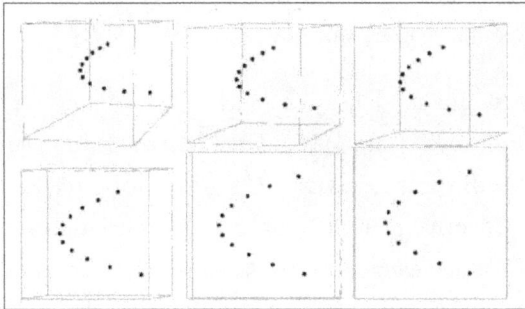

Figure 1.10 Représentation d'une cubique twistée pour plusieurs vues (Hartley and Zisserman, 2002)

une dégénérescence de la reconstruction 3D et donc de l'estimation de la matrice K.

Ce problème revient à dire que si pour une séquence d'images donnée, il existe une conique qui n'est pas la conique absolue et qui est solution des équations de l'autocalibrage vues plus-haut, alors l'autocalibrage n'a pas de solution unique. La séquence est alors appelée séquence de mouvement critique (Sturm, 2002).

Sturm décrit les différents cas où la séquence de mouvement est critique (Sturm, 2002) :

- si les axes optiques pour toutes les images sont parallèles ; c'est-à-dire que le mouvement est une translation pouvant être suivie d'une rotation autour de l'axe optique ;

- si les centres des caméras sont colinéaires ; ce mouvement correspond à une translation vers l'avant selon l'axe optique pouvant être suivie d'une rotation quelconque autour de l'axe optique ;

- si les centres de caméras forment une ellipse et que les axes optiques sont tangents à cette ellipse pour toute la séquence.

Pollefeys définit lui une modélisation mathématique pour repérer un mouvement critique (Pollefeys et al., 1999). Une petite variation sur la solution de l'équation, c'est-à-dire sur la matrice Q_∞^*, doit respecter les contraintes sur les matrices K^i. Effectivement on peut relier une variation sur les contraintes à une variation sur les éléments de ω^*. Ainsi $df_x = \frac{1}{2}d\omega_{i11}^*$, $df_y = \frac{1}{2}d\omega_{i22}^*$, $du_0 = d\omega_{i13}^* = d\omega_{i31}^*$, $dv_0 = d\omega_{i23}^* = d\omega_{i32}^*$ et $ds = d\omega_{i12}^* = d\omega*_{i21}$.

Ainsi si on fixe une contrainte sur le fait que le ratio d'aspect est égal à 1, on obtient une contrainte du type $d\omega_{i11}^* = d\omega_{i22}^*$. En regroupant toutes les contraintes dans une matrice que Pollefeys note C, on obtient la relation suivante :

$$Cd\omega^* = 0 \qquad (1.27)$$

Une petite variation dans la solution peut s'écrire :

$$Cd\omega^* = C[\frac{d\omega^*}{dQ_\infty^*}]dQ_\infty^* = C'dQ_\infty^* \qquad (1.28)$$

Le critère à respecter pour éviter une séquence de mouvement critique est que C' soit de rang 8, ce qui peut s'exprimer par le fait que toutes les valeurs singulières de C' soient non nulles.

1.1.7 Autocalibrage à partir de caméras en rotation pure

Il existe des méthodes d'autocalibrage spécifiques à des mouvements particuliers de la caméra qui pouvaient mener à des dégénerescences dans le cadre général de l'autocalibrage. Ainsi, pour une rotation pure de la caméra ou encore un mouvement planaire de la caméra, il existe des méthodes spécifiques. Nous allons présenter la méthode d'autocalibrage pour une rotation pure.

Dans le cas d'une rotation pure, le modèle de la caméra s'écrit comme suit :

$$\mathbf{p} = K[R|\mathbf{0}]\mathbf{P} \qquad (1.29)$$

Comme la dernière colonne de la matrice de projection est nulle, la profondeur des points 3D ne peut être retrouvée à partir des points 2D (Hartley,

43

1994).

Cependant, il est alors possible de relier deux mêmes points dans deux images par une homographie (transformation 2D). En effet, si on considère deux points $\mathbf{p}_i$ et $\mathbf{p}_j$, projections d'un même point dans deux images, on peut alors écrire :

$$\mathbf{p_i} = K_i[R_i|\mathbf{0}]\mathbf{P} \tag{1.30}$$

$$\mathbf{p_j} = K_j[R_j|\mathbf{0}]\mathbf{P} \tag{1.31}$$

Et donc, par conséquent, en substituant P dans une des équations, on obtient l'homographie H_{ij} décrit par l'équation suivante :

$$H_{ij} = K_j R_j R_i^{-1} K_i^{-1} = K_j R_{ij} K_i^{-1} \tag{1.32}$$

Comme R_{ij} est une rotation, on sait que la matrice est orthogonale et que donc $R_{ij} = R_{ij}^{-T}$. Ainsi, l'équation 1.32 se réécrit de la façon suivante :

$$(K_j K_j^T) = H_{ij}(K_i K_i^T)H_{ij}^T \tag{1.33}$$

On retrouve ici l'expression de l'image de la conique absolue ω égale à $(KK^T)^{-1}$.

1.1.7.1 Méthode linéaire

Une méthode linéaire existe alors en posant les équations suivantes pour chaque homographie H_{ij} :

$$\omega_j = H_{ij}^{-T} \omega_i H_{ij}^{-1} \tag{1.34}$$

Des contraintes sur la matrice K mènent à des contraintes sur ω ce qui donne alors des équations linéaires.

Par exemple, si l'obliquité est nulle, l'image de la conique absolue s'écrit :

$$\omega = \begin{bmatrix} 1/(f)^2 & 0 & -u_0/f^2 \\ 0 & 1/(\alpha f)^2 & -v_0/(\alpha f)^2 \\ -u_0/f^2 & -v_0/(\alpha f)^2 & 1 + u_0^2/f^2 + v_0^2/(\alpha f)^2 \end{bmatrix} \tag{1.35}$$

On a alors, dans ce cas, une équation linéaire à savoir $\omega_{12} = 0$.

1.1.7.2 Méthode non-linéaire

La méthode non-linéaire va consister à minimiser l'erreur algébrique suivante où la norme utilisée est la norme de Frobenius :

$$\sum_{i=1}^{n} \| \frac{K_i K_i^T}{\| K_i K_i^T \|} - \frac{H_i K_0 K_0^T H_i^T}{\| H_i K_0 K_0^T H_i^T \|} \| \tag{1.36}$$

Il a été prouvé que cette méthode converge vers un minimum global si on prend un vecteur initial assez proche de ce minimum (Agapito et al., 2001).

Ainsi, il est intéressant de prendre comme vecteur initial la solution de la méthode linéaire.

1.1.7.3 Dégénérescence ou ambiguïté de l'autocalibrage par rotation pure

Comme toutes les autres méthodes, la méthode d'autocalibrage par rotation pure présente des dégénérescences spécifiques qui rendent les équations impossibles à résoudre.

- Premièrement, si le mouvement de la caméra n'est pas exactement une rotation pure, l'équation 2.20 n'est plus tout à fait exacte. Cependant, pour certaines configurations de mouvement comme un mouvement fronto-parallèle, ou encore un mouvement panoramique, il est possible, malgré la translation, d'obtenir des résultats corrects (Wang et al., 2004).

- Si la rotation est selon l'axe z, la contrainte sur l'obliquité nulle empêche toute estimation des paramètres intrinsèques de la caméra. Sachant que l'obliquité est proche de 0 en pratique, une rotation selon l'axe des z sera insuffisante pour résoudre le problème de l'autocalibrage.

- Si la rotation est selon l'axe y et l'axe x, il est nécessaire de connaître le ratio d'aspect auquel cas l'autocalibrage ne dégénère pas (Agapito et al., 2001).

- Dans le cas de petites rotations, Agapito a montré qu'il est difficile de distinguer entre une rotation large avec une focale courte et une petite rotation avec une focale longue.

- Enfin, il est également difficile pour la méthode de distinguer entre une rotation selon l'axe des y et un décalage du point principal selon l'axe des

1.2 Système de calibrage et de suivi de mouvement pour les chirurgies minimalement invasives

Un système de réalité augmentée permet à l'utilisateur de voir le monde réel augmenté d'informations supplémentaires générées par un modèle informatique. Par exemple, un système de réalité augmentée pour la chirurgie peut associer un modèle 3D à l'image de l'endoscope. Il peut également communiquer toute autre information pertinente au chirurgien comme des mesures qui lui sont utiles.

Pour réaliser un tel système de réalité augmentée pour les chirurgies minimalement invasives, deux composantes sont nécessaires : le calibrage de la caméra endoscopique et le suivi de mouvement de cette même caméra.

Nous allons tout d'abord décrire le système et la caméra endoscopique puis ensuite définir un modèle pour la caméra endoscopique à vision oblique. Enfin, nous verrons quelle méthode de calibrage et de suivi de mouvement existent pour trouver les paramètres du modèle.

1.2.1 Description et modèle d'un système endoscopique

1.2.1.1 Historique de la chirurgie endoscopique

Les origines de l'endoscopie
Il est important de considérer l'histoire de la chirurgie endoscopique pour apprécier les défis du XXIè siècle en chirurgie minimalement invasive (CMI).

Le mot endoscope vient de l'ancien Grec *scopien* signifiant visualisation et *endo*, à l'intérieur.

Les premiers examens par endoscope remontent à l'Antiquité où les Romains ont conçu un speculum éclairé par la lumière ambiante. Ce n'est que vers 1000 que Abulkaism de Cordoue (980-1037) proposa un système pour éclairer les cavités sombres par la réflexion de la lumière naturelle.

L'ère moderne de la visualisation par endoscope a débuté en 1805 quand Philippe Bozzini, obstétricien de profession, a inventé ce qui est considéré comme le premier endoscope avec un système de miroirs et une bougie qui éclairait les parois internes. A la fin du XIXème siècle, avec l'invention de l'ampoule par Edison, Nitze a développé le premier cystoscope (exploration de la vessie) qui présentait pour la première fois la combinaison d'une source de lumière et d'un système optique de lentilles. Le développement de systèmes endoscopiques s'est alors propagé pour d'autres applications avec le gastroscope de Mikulicz (1881) et le bronchoscope de Killian(1898).

Après les années 1950, avec le développement de la fibre optique, le premier endoscope flexible (Hirshowitz,1957) a permis l'exploration de l'estomac et du duodenum.

Chirurgie minimalement invasive

D'abord en tant qu'outil diagnostique, puis en tant qu'outil thérapeutique, l'endoscopie dans les cavités ouvertes (laryngoscopie, proctoscopie,..) a précédé l'endoscopie dans les cavités fermées pratiquées par petites incisions dans le corps (laparoscopie, thoracoscopie). Cette chirurgie endoscopique porte le nom plus général de chirurgie minimalement invasive.

La laparoscopie (du grec *lapara* signifiant abdomen et *scopia* signifiant voir) est apparue au début du XXème siècle avec les apports de Jacobeus et Kel-

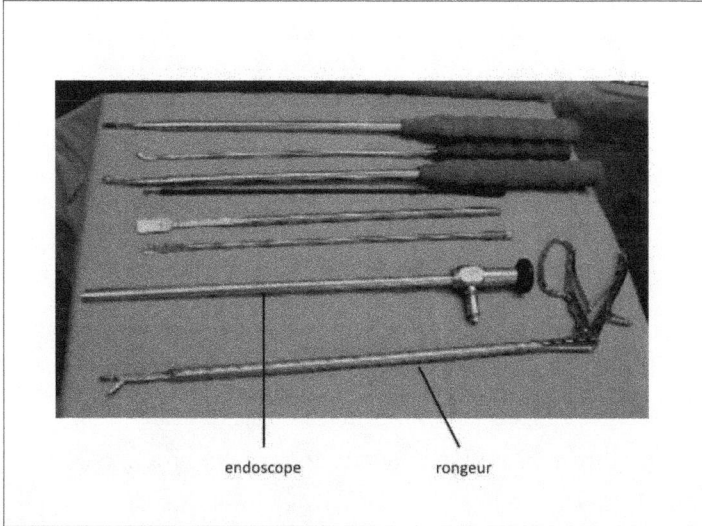

endoscope   rongeur

Figure 1.11 Les instruments et l'endoscope pour la chirurgie de la scoliose
(Lonner et al., 2007)

ling. Au cours du XXème siècle, les progrès techniques ont permis d'améliorer la luminosité des sites chirurgicaux et de réduire les distorsions du
système optique, notamment avec le physicien Hopkins(1952).

En 1963 et au cours des années suivantes, Semm a contribué au développement d'instrumentation dédiée pour la chirurgie minimalement invasive
comme un système automatique de maintien de la pression intra-abdominale
nécessaire pour une meilleure vision. Il a également développé de nombreux
instruments qui permettent de palier à la perte de profondeur. Il a enfin
contribué à l'apprentissage des chirurgiens pour les laparoscopies (voir figure 1.11 page 49). (Lau et al., 1997)

Thoracoscopie et CMI de la scoliose

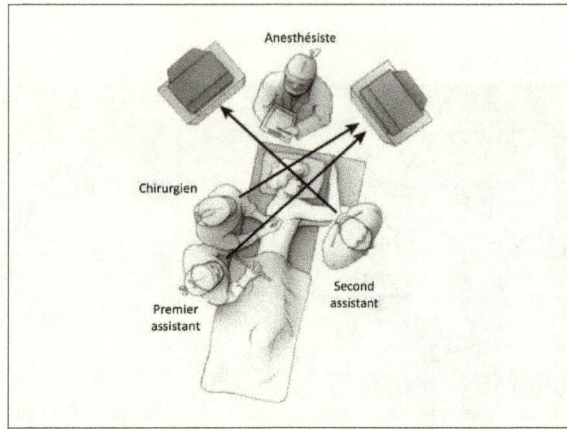

Figure 1.12 Le bloc opératoire (Lonner et al., 2007)

Jacobeus, qui s'occupait des malades atteints de tuberculose, développa la technique de thoracoscopie utilisée largement en Europe pour traiter cette maladie jusqu'en 1950 où elle fut remplacée par le traitement par antibiotique.

Dans les années 70, la thoracoscopie comme les autres techniques de CMI se sont répandues et l'apparition de la caméra reliée à des moniteurs en 1986 a permis l'interaction des assistants avec le chirurgien (voir figure 1.12 page 50).

Dans le même temps, les chirurgies pour le traitement des scolioses se sont développées. A partir des années 1960, Harrington a développé un système de vis et de baguette en métal afin, tout d'abord, de stabiliser les maladies dégénératives de la colonne, puis ensuite, de les corriger (dans les années 1970) (Mohan and Das, 2003) (voir figure 1.13 page 51).

Les premières interventions thoracoscopiques pour les maladies de la co-

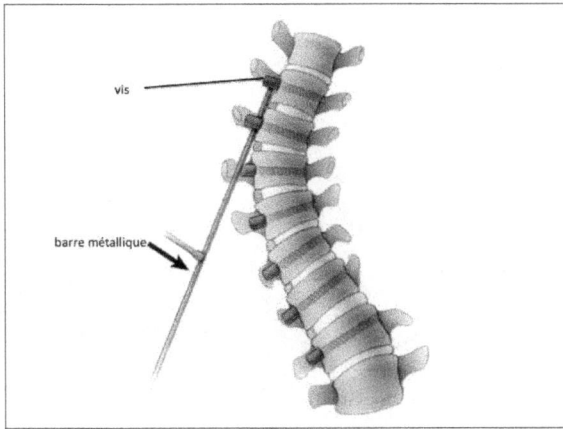

Figure 1.13 La tige métallique et la fusion des vertèbres (Lonner et al., 2007)

lonne vertébrale ont été réalisées simultanément par Obenchain au Canada
(Obenchain, 1991), Mack en Allemagne et Rosenthal aux États-Unis aux
débuts des années 1990. Il s'agissait alors pour ces 3 opérations d'opérer
une hernie discale (Das and Rothberg, 2000).

En 1993, Mack et al. ont publié leurs premiers résultats de dissectomie par
CMI pour le traitement des scolioses (voir figure 1.14 page 52)(Mack et al.,
1993). Une dissectomie est une ablation totale ou partielle d'un ou plusieurs
disques intervertrébraux.

La même année, Landreneau a publié une étude comparative qui indique une
amélioration de la condition physique suivant l'opération pour les patients
ayant subi une chirurgie thoracoscopique.(Landreneau et al., 1993)

Depuis 10 ans, les techniques progressent et s'améliorent (voir figure 1.15
page 53) et des procédures thoracoscopiques plus complexes ont été effectuées comme la fusion des vertèbres jusque là réalisée en chirurgie ouverte.

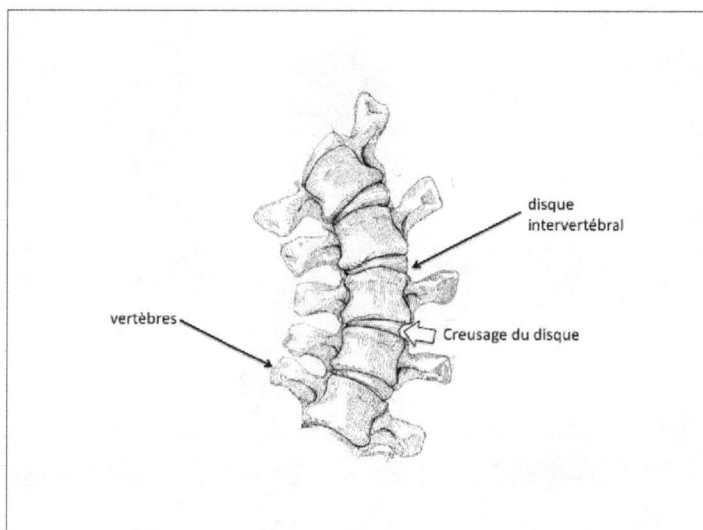

Figure 1.14 Les disques intervertébraux et l'opération de discectomie (Dickman et al., 1999)

En 2003, Newton publie une étude comparative similaire à celle de Landreneau mais cette fois spécifiquement pour le traitement de la scoliose (Newton et al., 2003). Il montre que les corrections de la courbure de la colonne entre la CMI et la chirurgie ouverte sont équivalentes et que les patients ayant subi la CMI ont récupéré plus rapidement. Cependant, il souligne également que l'apprentissage pour le chirurgien de ce type de technique est plus complexe.

La dernière étude comparative publiée sur ce sujet en 2007 ((Lonner et al., 2007)) montre que la perte de sang est moindre pour les chirurgies thoracoscopiques. De plus, une amélioration du confort pour le patient est notable (cicatrices plus petites, douleurs post-opératoires moindres). Cependant le temps d'opération est significativement plus long, du à la plus grande complexité de l'opération. Le chirurgien se doit alors d'être spécifiquement formé

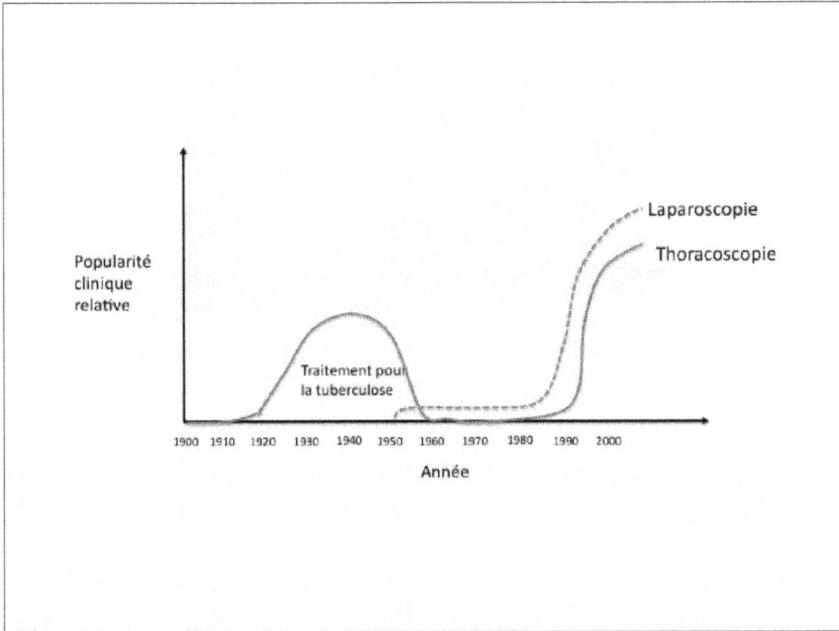

Figure 1.15 Progrès et popularité de la chirurgie endoscopique

à ce type de procédure.

Nous allons maintenant définir le système endoscopique utilisée dans les procédures de chirurgies minimalement invasives.

1.2.1.2 Description et caractéristiques d'un endoscope

L'endoscope est un instrument optique utilisé pour la visualisation lors des CMI. Il est le plus souvent attaché par l'intermédiaire d'un coupleur à son extrémité à une caméra CCD (dispositif à transfert de charge) qui capture

Figure 1.16 Caméra CCD reliée au bout de l'endoscope

ce que voit l'endoscope et le transmet à un écran pour la visualisation (voir figure 1.16 page 54).

Durant la chirurgie de la colonne, l'endoscope doit répondre le plus possible à plusieurs caractéristiques : une imagerie haute-résolution, un champ de vision large de l'anatomie, un éclairage ajustable, une possibilité de zoomer et de mettre au point, une perception 3D de la profondeur (Dickman et al., 1999). Ces caractéristiques sont définies de telle manière qu'elles permettent au chirurgien d'assurer un déroulement plus confortable de la chirurgie.

Le système optique à lentille-tige de Hopkins est largement utilisé : l'endoscope est alors constitué d'air et de 3 lentilles en quartz : une lentille objectif au bout de l'endoscope, une lentille de relais et une lentille oculaire proximale (à travers laquelle l'utilisateur peut observer l'image de la cible). La lentille objectif assure généralement un champ de vision de 80 à 90 degrés.

Il existe également des endoscopes stéréoscopiques avec deux caméras afin de visualiser l'image en 3D (voir figure 1.17 page 55).

Deux types d'endoscopes sont utilisés : l'endoscope rigide, constitué d'un

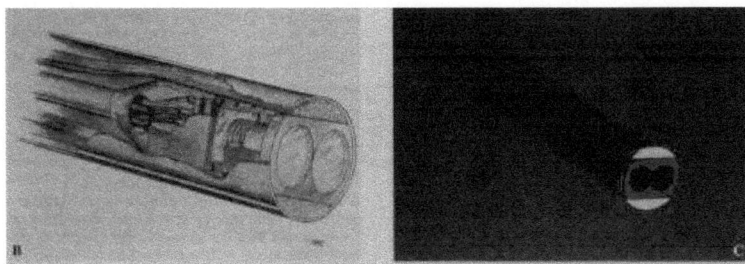

Figure 1.17 Endoscope stéréoscopique

tube rigide à l'intérieur duquel se situe le système optique de lentilles et celui, souple, dont le tube peut se courber.

Les endoscopes rigides sont divisés en deux catégories : les endoscopes à vision oblique et les endoscopes à vision droite. L'angle de vision varie généralement de 0 à 60 degrés. Les endoscopes à vision droite sont limités au champ de vision défini par l'axe optique, surtout lorsque le point d'incision dans le corps est fixe. Au contraire, les endoscopes à vision oblique sont plus libres dans le sens où le champ de vision peut être déplacé en tournant le tube rigide.

C'est pour cette raison que l'endoscope à vision oblique est largement utilisé dans les applications d'observation de la cavité abdominale (Yamaguchi et al., 2005).

La caméra CCD et l'endoscope forment un système endoscopique. Contrairement à une caméra classique, le système endoscopique a un degré de liberté supplémentaire. Il est possible de faire une rotation entre l'endoscope et la tête de la caméra CCD (voir figure 1.18 page 56) en plus du mouvement de rotation et de translation du système au complet.

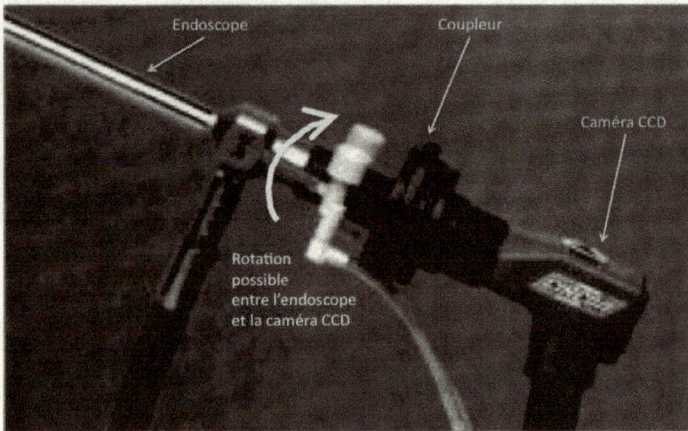

Figure 1.18 Endoscope et degré de libertés

Il existe alors un modèle spécifique à l'endoscope différent du modèle de caméra à sténopé. De plus, des modèles spécifiques de distorsion existent pour un endoscope. Nous allons les étudier dans le paragraphe suivant.

1.2.1.3 Modèle et méthode de distorsion spécifique à l'endoscope

• **Modèle de distorsion**

Les lentilles composant l'endoscope sont symétriquement circulaires avec une précision d'un micromètre ce qui permet de considérer une distorsion radiale uniquement.

L'endoscope est également conçu pour voir de larges régions à l'intérieur du corps. C'est pourquoi les endoscopes sont constitués de lentilles à champ large. Ces lentilles entraînent de la distorsion en barillet (voir figure 1.6 page 28 dans la section précédente) qui est toujours présente quel que soit la qualité de l'endoscope (Smith et al., 1992).

Or, dans l'exercice clinique, les endoscopes sont soumis à des processus de stérilisation, ce qui implique de recalculer les paramètres de distorsion à chaque utilisation. La méthode d'estimation de la distorsion doit donc être facile à mettre en oeuvre (Miranda-Luna et al., 2004).

On rappelle que la distorsion radiale a un effet sur la position radiale r des points. On note r_d et θ_d les coordonnées polaires d'un élément dont les coordonnées cartésiennes sont x_d et y_d dans l'image avec distorsion et l'équivalent avec r, θ et x,y dans l'image sans distorsion. On note également x_c et y_c les coordonnées cartésiennes du centre de distorsion.

Alors la distorsion s'exprime de la façon suivante :

$$r_d = L(r) \tag{1.37}$$

L est un polynôme en r ($r = \sqrt{(x - x_c)^2 + (y - y_c)^2}$). On note les coefficients de ce polynome a_i.

Alors on peut trouver les coordonnées dans l'image distordue de la façon suivante :

$$x_d = x_c + r_d cos\theta_d \tag{1.38}$$

$$y_d = y_c + r_d sin\theta_d \tag{1.39}$$

$\theta = \theta_d = \tan^{-1}\left(\frac{y-y_c}{x-x_c}\right)$ dans le cas d'une distorsion radiale car le décalage n'est qu'en fonction de la position radiale.

Inversement, on peut aussi écrire dans le cas où on cherche la position radiale corrigée à partir de la position radiale non corrigée :

$$r = L'(r_d) \tag{1.40}$$

L' est un polynôme en r_d ($r_d = \sqrt{(x_d - x_c)^2 + (y_d - y_c)^2}$). On note les coefficients de ce polynome k_i. Dans ce cas, on retrouve les coordonnées corrigées de la façon suivante :

$$x = x_c + r cos\theta \tag{1.41}$$

$$y = y_c + r sin\theta \tag{1.42}$$

• Estimation de la distorsion en fonction de la position radiale

Smith apporte une première méthode pour corriger cette distorsion radiale. Premièrement, il estime le centre de distorsion en considérant une grille hexagonale dont les points sont linéairement espacés. Cela lui permet de repérer les 3 lignes droites qui s'intersectent au centre de distorsion (là où la distorsion est nulle)(voir figure 1.19 page 59)

Puis une fois le centre de distorsion estimé, on considère un des segments dont l'extrémité est ce centre. Les positions radiales des différents cercles sur le segment sont non linéaires puisque la distorsion en barillet implique que les points les plus éloignés du centre de distorsion sont plus rapprochés (voir figure 1.20 page 59).

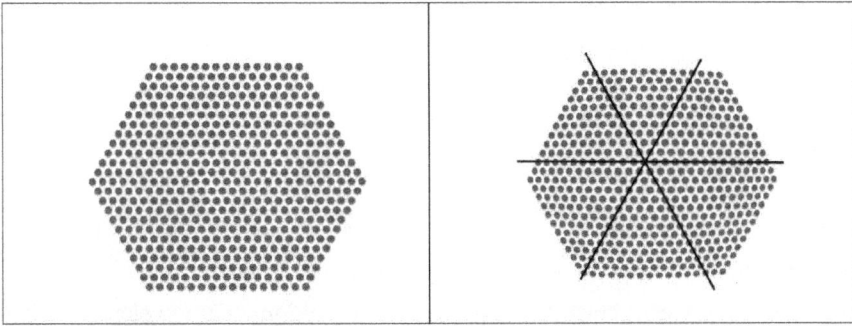

Figure 1.19 Grille hexagonale pour estimation du centre de distorsion ; à gauche : grille originale , à droite : grille distordue

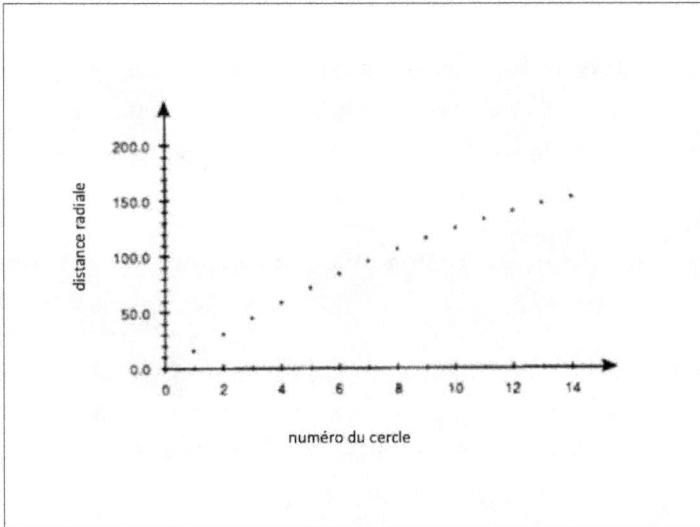

Figure 1.20 Distance radiale en fonction du numéro du cercle

Ces différentes positions radiales vont permettre d'estimer le polynôme L. Pour cela, la base des polynômes de Chebychev est utilisée afin de trouver les coefficients a_j du polynôme.

Les polynômes de Chebychev ont l'avantage d'être orthogonaux et donc les coefficients a_j sont obtenus par simple produit scalaire.

Une fois les coefficients obtenus, on peut alors calculer à partir de la position sans distorsion r la position avec distorsion r' en projetant dans la base des polynômes de Chebychev. Cela va permettre de donner une valeur au pixel de coordonnées x et y et de former ainsi l'image sans distorsion.

Afin de réaliser une bonne estimation du polynôme il faut que l'image avec distorsion soit obtenue avec l'endoscope perpendiculaire à la grille hexagonale. Effectivement c'est seulement dans ce cas que la position radiale est linéaire lorsque les cercles sont linéairement espacés.

Les résultats de cette étude montrent que l'aire des cercles qui diminuait en fonction de la position radiale est à peu près constante après correction. La valeur choisie de N, le nombre de coefficients a_i du polynome de distorsion, est 7.

• Estimation de la distorsion selon un critère de courbure des lignes

Dans l'étude d'Haneishi (Haneishi et al., 1995), le critère selon lequel une ligne droite doit apparaître droite en absence de distorsion est utilisé. La méthodologie est de trouver un critère qui caractérise le fait qu'une ligne soit droite. Pour cela, la matrice des moments M est utilisée. Si on note l'ensemble des N points appartenant à une ligne dans l'image corrigée $\{x_i, y_i) | i = 1, ..., N\}$, la matrice des moments s'écrit de la façon suivante :

$$M = \begin{bmatrix} \sum_{i=1}^{N} x_i^2 & \sum_{i=1}^{N} x_i y_i & \sum_{i=1}^{N} x_i \\ \sum_{i=1}^{K} = N x_i y_i & \sum_{i=1}^{N} y_i^2 & \sum_{i=1}^{N} y_i \\ \sum_{i=1}^{N} x_i & \sum_{i=1}^{N} y_i & N \end{bmatrix} \qquad (1.43)$$

Cette matrice est reliée à la somme des distances de chaque point à la ligne. Il est alors démontré que la valeur propre minimale de M correspond au critère recherché (la ligne doit être droite).

Par la suite une procédure d'optimisation par descente de gradient est réalisée sur les coefficients k_i (voir équation 2.1 73). Le centre de distorsion, lui, est estimé à l'intérieur d'une certaine région et la procédure parcourt toute la région en optimisant les paramètres k_i.

La grille n'a alors pas besoin d'être placée perpendiculairement à l'endoscope comme dans l'étude précédente. La valeur du nombre de coefficients a été choisie à 5 après expérimentation. De plus, les résultats sont conformes quel que soit la distance entre l'endoscope et la grille.

• **Estimation de la distorsion par correspondance de motifs**

Cette étude propose, au lieu d'avoir une grille définie, d'estimer la distorsion en se référant à un motif connu (voir figure 1.21 page 62) par recalage en niveau de gris (Miranda-Luna et al., 2004).

La méthode va alors estimer les coefficients k_i de distorsion en développant L' en un polynôme de Taylor.

$$r = \sum_{i=1}^{N} k_i r_d^i \qquad (1.44)$$

Il a été choisi de prendre $N = 5$ pour un compromis entre la vitesse de

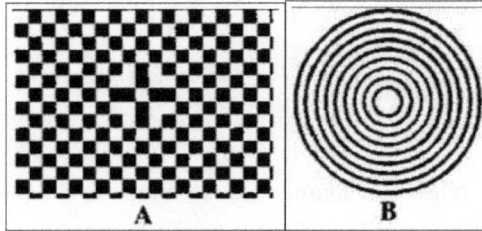

Figure 1.21 Motifs originaux connus

calcul et de précision de la correction. La méthode va également estimer la matrice projective 2D ce qui ne contraint pas à placer l'endoscope perpendiculairement au motif.

Soient V l'image originale et $U = TV$ l'image corrigée dépendant de la matrice de projection 2D et des coefficients k_i. On procède alors à une optimisation sur T qui tend à maximiser l'information mutuelle $I(U, TV)$ entre U et TV :

$$\tilde{T} = \underset{T}{argmax}(I(U, TV)) \qquad (1.45)$$

Les résultats permettent d'acquérir l'image de manière non perpendiculaire (voir figure 1.22 page 63).

Les résultats montrent que la correction estimée à partir d'un motif est conforme pour d'autres motifs (voir figure 1.23 page 63).

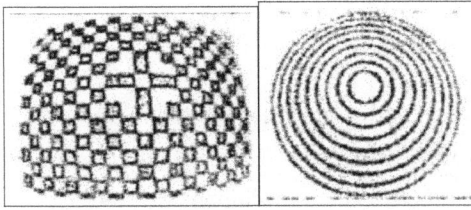

Figure 1.22 Motifs acquis avec un angle de 5° par rapport à la perpendiculaire

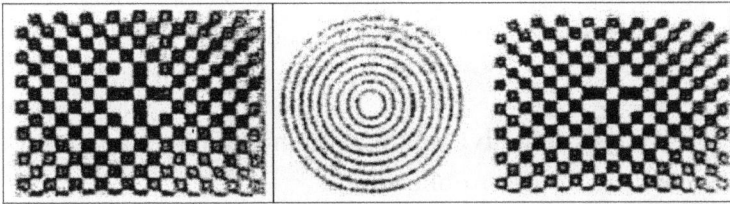

Figure 1.23 Correction des motifs ; à gauche en prenant le motif A comme motif de référence ; à droite en prenant le motif B comme motif de référence

1.2.1.4 Modèle d'une caméra endoscopique à vision oblique

Pour une caméra endocopique rigide, le modèle de caméra à sténopé est généralement appliqué (Yamaguchi et al., 2005) (Shahidi et al., 2002).

Seulement, dans le cas d'un endoscope, le degré de liberté supplémentaire implique un change ment dans le modèle. La projection d'un point 3D dans l'image dépend alors, en plus du mouvement du système endoscopique, de la rotation entre le tube endoscopique et la caméra CCD notée $T(\theta)$.

Ainsi, le modèle d'une caméra endoscopique à vision oblique s'écrit ainsi :

$$\mathbf{p}_i = KT(\theta)T_{c \leftarrow w}\mathbf{P}_i \qquad (1.46)$$

Pour calibrer la matrice des paramètres intrinsèques K, la méthode de calibrage de Tsai (Yamaguchi et al., 2005) (Shahidi et al., 2002) ou de Zhang (Wu and Jaramaz, 2008) est généralement utilisée.

Le changement apporté au modèle de la caméra à sténopé réside dans l'estimation des paramètres extrinsèques qui possèdent un degré de liberté supplémentaire. Nous allons maintenant voir les systèmes de suivi de mouvement afin d'estimer la matrice $T(\theta)$ et $T_{c \leftarrow w}$ de notre modèle.

1.2.2 Méthodes de suivi de mouvement pour un système endoscopique à vision oblique

1.2.2.1 Méthode de suivi de mouvement et présentation des systèmes de suivi optique

Pour autocalibrer les paramètres extrinsèques de la caméra R et $\mathbf{t}$, c'est à dire la transformation qui d'un point dans le référentiel du monde associe un point dans le référentiel de la caméra, il est nécessaire de suivre le mouvement de la caméra.

Pour cela, les systèmes de suivi optique permettent de suivre un marqueur spécifique au cours du temps et de connaître ainsi son mouvement. Les appareils tels que le Polaris de Nothwest Digital (NDI, 2008) ou encore le MicronTracker (décrit dans la Méthodologie) de Claron Technology Inc. (Claron Technology Inc., 2008) permettent de trouver la position et l'orientation d'un objet auquel le marqueur optique est fixé (voir figure 1.24 page 65).

64

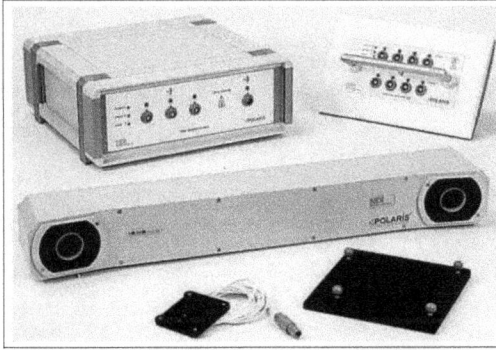

Figure 1.24 Le système Polaris

Si on place le marqueur sur la caméra, il va falloir estimer la transformation (rotation et translation) entre la base du marqueur et la base de la caméra.

Soient $T_{m \leftarrow w}$ la transformation rigide entre la base du système optique et la base du marqueur et $T_{c \leftarrow m}$ la transformation rigide entre la base du marqueur et la base de la caméra. Alors la relation de l'équation 1.11 page 29 s'écrit :

$$\mathbf{p} = M\mathbf{P} = KT_{c \leftarrow m}T_{m \leftarrow w}\mathbf{P} \qquad (1.47)$$

La transformation $T_{m \leftarrow w}$ est donnée par le système de suivi optique en temps réel. Il faut néammoins trouver la transformation $T_{c \leftarrow m}$.

Le problème d'estimation de cette transformation est un problème connu : celui de calibrage bras-oeil (*Hand-eye calibration*) (Tsai and Lenz, 1989).

Ce problème est illustré sur la figure 1.25 page 66.

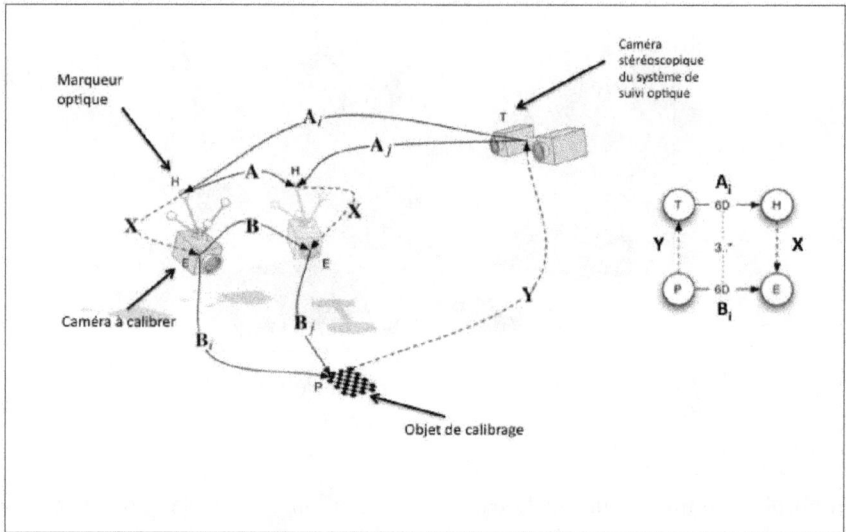

Figure 1.25 Le calibrage bras-oeil

Le système de suivi optique (T) suit le marqueur (H) attaché à la caméra (E). P est une grille de calibrage. On voit les transformations connues sur le schéma à droite en ligne pleine et les transformations inconnues en ligne pointillée.

On connaît les transformations A_i entre T et H. On connaît également, après calibrage de la caméra, les transformations B_i entre P et E. Avec ces informations, le calibrage bras-oeil nous donne un cadre théorique pour estimer X la transformation entre H et E. Symétriquement, on peut trouver Y la transformation entre T et P.

Plusieurs techniques de calcul algébrique ou géométrique existent pour résoudre ce problème. La méthode de Tsai (Tsai and Lenz, 1989) a une erreur de 10 mm en translation et de 2.55 milliradians en rotation. La méthode de Rivera-Rovelo et de Herold-Garcia a une erreur de reprojection de 2 à 5 pixels (Rivera-Rovelo et al., 2008).

Si une des deux inconnues X ou Y est connue, alors le problème ne se pose plus. Par exemple, si la transformation Y entre le système de suivi optique T et la grille est connue, alors on peut, par changement de base, retrouver X plus facilement.

1.2.2.2 Méthode de suivi de mouvement pour un système endoscopique

Les deux méthodes suivantes utilisent la caméra Polaris pour le système de suivi des marqueurs optiques.

Yamaguchi propose dans son étude un nouveau modèle de caméra endoscopique à vision oblique. Il place le marqueur de suivi optique sur la tête de la caméra qui est donc l'élément de référence. Il peut suivre de cette manière les mouvements décrits par la tête de la caméra.

Seulement dans le cas d'un endoscope à vision oblique, on a vu qu'il faut définir une transformation supplémentaire dans le cas où la tête de la caméra et le tube de l'endoscope subissent une rotation l'un par rapport à l'autre.

Supposons que la rotation du tube par rapport à la tête de la caméra soit θ. Alors cette rotation est composée d'une rotation d'un angle θ du système caméra et tube au complet autour de l'axe l_s suivie d'une rotation d'un angle $-\theta$ autour de l'axe $l_h(\theta)$ (voir figure 1.26 page 68).

Un point est noté $\mathbf{p}_w$ dans le système de coordonnées de l'espace 3D du système de suivi optique et $\mathbf{p}_c$ dans le système de coordonnées de la caméra. Dans le modèle de caméra classique, la relation entre ces deux points, en

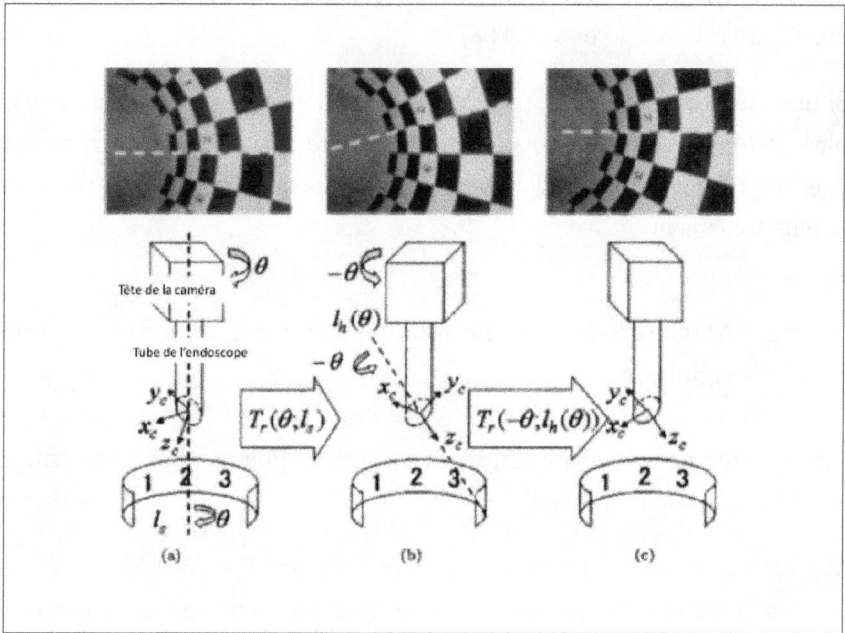

Figure 1.26 Schéma du modèle de projection pour les endoscopes à vision oblique

notant T_0 la transformation rigide entre les deux espaces, s'écrit :

$$\begin{pmatrix} \mathbf{p}_c \\ 1 \end{pmatrix} = T_0 \begin{pmatrix} \mathbf{p}_w \\ 1 \end{pmatrix} \qquad (1.48)$$

Après correction du modèle, T devient fonction de θ et s'écrit en notant $T_r(\theta, l)$ une rotation d'angle θ et d'axe l :

$$T(\theta) = T_r(-\theta; l_h(\theta)) T_r(\theta; l_s) T_0 \qquad (1.49)$$

Le modèle mathématique reliant un point dans l'image à un point dans l'espace 3D s'écrit alors en notant $T_{c \leftarrow w}$ la transformation rigide entre le système de suivi optique et la caméra :

$$\mathbf{p}_i = K T(\theta) T_{c \leftarrow w} \mathbf{P}_i \qquad (1.50)$$

Ainsi après estimation de T_0 par la méthode de Tsai, la matrice $T(\theta)$ est mise à jour en fonction de la rotation du tube θ et du mouvement du marqueur sur la caméra $T_{c \leftarrow w}$ donné par le système de suivi optique. Pour estimer cet angle, Yamaguchi utilise un encodeur rotatif (voir figure 1.27 page 70). Par la suite il estime l'axe l_s en positionnant un marqueur optique sur le tube endoscopique. Enfin, il estime l'axe l_h en minimisant l'erreur de reprojection.

La méthode est validée en projetant dans l'image des points à mesure que la caméra bouge ; l'erreur RMS est de 2,4 pixels.

Récemment, Wu a repris la méthode de Yamaguchi en plaçant le système de suivi optique sur le tube endoscopique (Wu and Jaramaz, 2008). L'élément de référence n'est plus la tête de la caméra mais le tube endoscopique ce qui permet de ne pas avoir à estimer les deux axes l_h et l_s. Le seul changement dans l'image, lorsque la tête de la caméra subit une rotation de θ alors que le tube ne bouge pas, est que le plan de l'image tourne autour du point principal d'un angle θ.

Par conséquent la position d'un point dans l'image $\mathbf{p}_i$ s'écrit en notant $R(\theta)$ la rotation d'angle θ du plan de l'image autour du point principal (u_0, v_0) :

$$\mathbf{p}_i = \left[\begin{array}{cc} R(\theta) & -R(\theta)\begin{pmatrix} u_0 \\ v_0 \end{pmatrix} + \begin{pmatrix} u_0 \\ v_0 \end{pmatrix} \\ \mathbf{0} & 1 \end{array} \right] K T_{c \leftarrow w} \mathbf{P}_i \qquad (1.51)$$

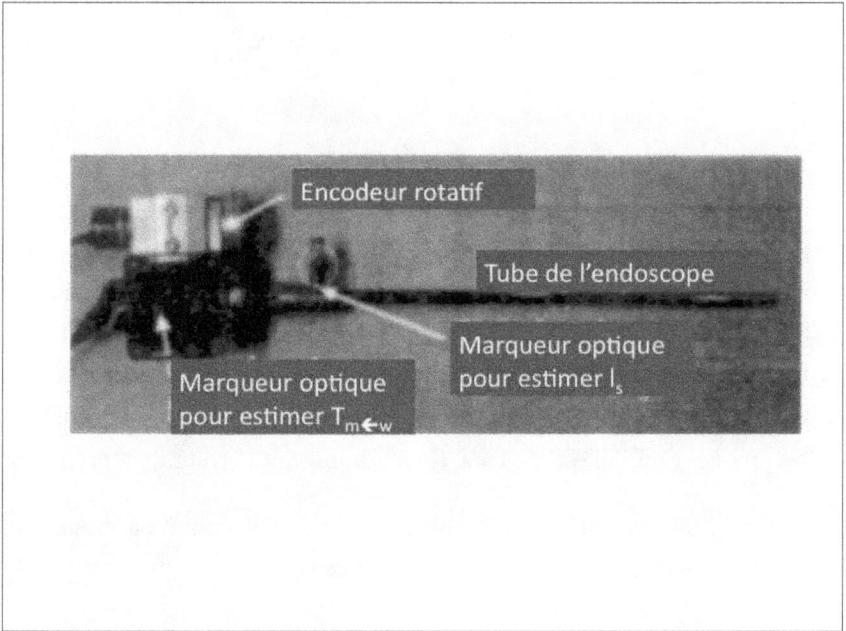

Figure 1.27 Caméra et tube endoscopique et placement du marqueur et de l'encodeur rotatif (Yamaguchi et al., 2005)

$R(\theta)$ est défini tel que $R(\theta) = \begin{bmatrix} cos(\theta) & sin(\theta) \\ -sin(\theta) & cos(\theta) \end{bmatrix}$.

Ainsi la méthode de Wu n'a plus qu'un paramètre à estimer : l'angle θ.

L'article propose alors une méthode pour estimer θ par le système de suivi optique en plaçant un marqueur sur la tête de la caméra. Ainsi avec le marqueur déjà positionné sur le tube, il est possible d'estimer l'angle θ (voir figure 1.28 page 71).

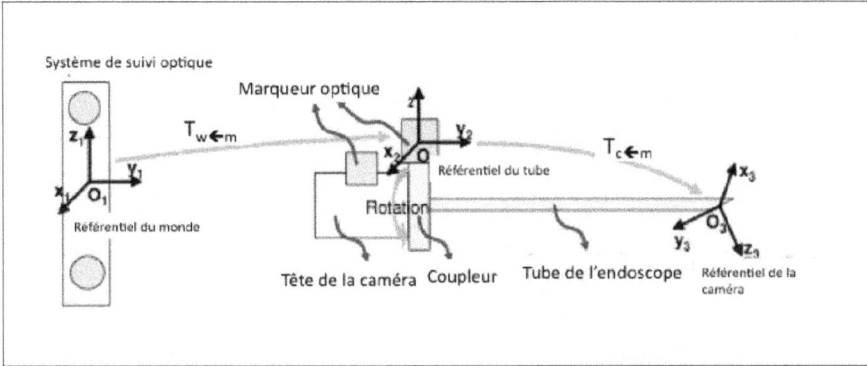

Figure 1.28 Caméra et tube endoscopique et placement des marqueurs selon Wu (Wu and Jaramaz, 2008)

1.2.2.3 Autocalibrage d'une caméra endoscopique

A notre connaissance, aucune méthode d'autocalibrage d'une caméra endoscopique monoculaire n'a été étudiée dans la littérature. On peut trouver cependant une méthode d'autocalibrage pour l'endoscope stéréoscopique qui a été présentée plus haut (voir figure 1.17 page 55) (Stoyanov et al., 2005).

Stoyanov intègre dans sa méthode d'autocalibrage l'information à priori des paramètres extrinsèques, afin de réduire le nombre de primitives de correspondance nécessaires. Effectivement, dans le cas d'une caméra stéréoscopique, la transformation rigide $(R, \mathbf{t})$ entre la première et la deuxième caméra est connue.

Connaissant les paramètres extrinsèques, le calcul de la matrice essentielle E est possible :

$$E = [\mathbf{t}] \times R \qquad (1.52)$$

71

Storyanov procède alors à un calibrage photogrammétrique des deux caméras et fixe les paramètres intrinsèques sauf les focales f et f'.

Ainsi après avoir relié E à F (voir équation 1.26 page 39), et comme $\mathbf{p}_i F \mathbf{p}'_i = 0$, une équation en f et f' est trouvée pour chaque point de correspondance i.

Ainsi au lieu de 8 points de correspondance sur 2 images, il n'en faut plus que 2.

Par la suite, un algorithme RANSAC (consensus de l'échantillon aléatoire) permet de trouver le meilleur ensemble de points qui minimise l'erreur de reprojection géométrique suivante :

$$\sum_i \frac{(\mathbf{p}_i F \mathbf{p}'_i)^2}{(F\mathbf{p}'_i)^2 + F\mathbf{p}_i^2} \tag{1.53}$$

Enfin une optimisation finale de Levenberg-Marquadt (voir annexe B) est menée. Il est possible à ce moment là d'incorporer le déplacement du point principal éventuel dans la minimisation.

CHAPITRE 2

MÉTHODOLOGIE

Ce chapitre expose tout d'abord la méthode de calibrage photogrammétrique de l'endoscope. Puis la méthode de suivi de mouvement pour estimer les paramètres extrinsèques de la caméra est présentée. Enfin, nous proposons une méthode d'autocalibrage de la caméra endoscopique.

2.1 Méthode de calibrage photogrammétrique pour une caméra endoscopique à vision oblique

La méthode de calibrage photogrammétrique, qui suit, explique comment nous allons estimer les paramètres de la caméra; les paramètres de distorsion pour chaque niveau de zoom et les paramètres intrinsèques fixes comme le ratio d'aspect.

2.1.1 Estimation de la distorsion

Les paramètres de distorsion s'expriment sous la forme de coefficients du polynôme L (qui définit la position radiale d'un point dans l'image). On note r la position radiale corrigée et r_d la position radiale dans l'image distordue; la distorsion s'exprime alors ainsi :

$$r = r_d + a_1 r_d^2 + a_2 r_d^3 + ... + a_n r^{n+1} \qquad (2.1)$$

Suite à notre étude de la littérature, la méthode la plus flexible est celle

73

d'Haneishi puisqu'elle ne nécessite pas de placer la grille perpendiculairement à la caméra, ce qui est le cas des autres méthodes. Après étude de
cette méthode, il s'est avéré qu'elle corrigeait effectivement bien la courbure
des lignes, seulement, elle ne respectait pas l'échelle de l'image.

La correction de distorsion par correspondance de motifs est quant à elle
assez fastidieuse à mettre en oeuvre.

Ainsi, pour avoir le résultat le plus fidèle à la réalité, deux critères ont été
choisis pour corriger la distorsion en prenant comme objet de référence une
grille de points et en plaçant la caméra perpendiculairement à cet objet.

Ces critères de minimisation sont les suivants :

- la racine carrée de la variance des côtés de tous les carrés de la grille qui
doit être le plus faible possible dans le cas où la grille est perpendiculaire à
la caméra.

- la différence entre la moyenne des côtés et le côté maximal dans l'image
distordu. Effectivement, ce côté maximal correspond dans une distorsion en
barillet, présente dans une caméra endoscopique, au côté qui appartient au
carré situé au centre de distorsion et donc non distordu.

Nous allons présenter deux aspects de la méthode d'estimation de la distorsion, en premier lieu, l'estimation des coefficients du polynôme, puis, la
reconstruction de l'image sans distorsion.

2.1.1.1   Estimation des coefficients du polynôme

Nous allons définir plus en détail les deux critères de minimisation utilisés.

- La distorsion en barillet fait que les points éloignés du centre de distorsion

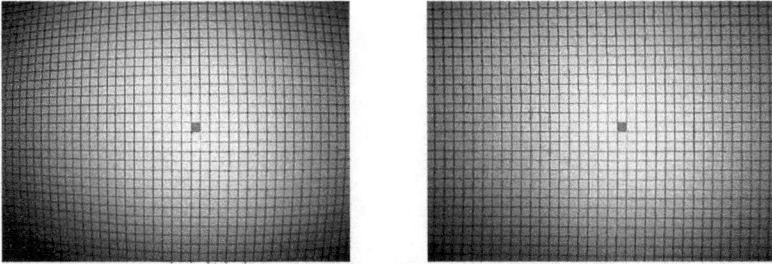

Figure 2.1 Distorsion en barillet : à gauche, la distorsion rapproche les points extrêmes vers le centre ; à droite, en réalité ces points sont plus éloignés

paraissent plus proches qu'en réalité (voir figure 2.1 page 75). Les côtés des carrés sur une grille de points sont donc plus petits qu'en réalité et la variance entre les côtés au centre et les côtés aux extrêmités est forte.

- Pareillement, nous savons que le côté du carré, situé au centre de distorsion pouvant être repéré par le carré au plus grand côté, est le côté réel des autres carrés. (voir figure 2.2 page 76).

Soient $N=mxn$ carrés présents dans la grille. Pour estimer les coefficients du polynôme a_i, nous allons par conséquent procéder à une minimisation des deux fonctions objectives suivantes f_1 et f_2 ; on note c_i la norme des $N = (m+1)n + m(n+1)$ côtés des carrés (ils dépendent du polynôme de distorsion et du centre de distorsion), $\bar{c}$ la moyenne des c_i et c_{i0} la norme des côtés des carrés dans l'image distordue :

$$f_1(a_i, x_c, y_c) = \sqrt{\frac{1}{N} \sum_{i=1}^{N} (c_i(a_i, x_c, y_c) - \bar{c}(a_i, x_c, y_c)} \qquad (2.2)$$

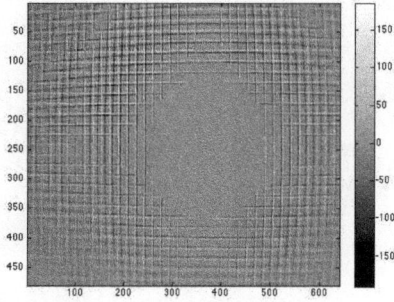

Figure 2.2 Différence entre l'image distordue et l'image non distordue ; l'erreur est de 0 au centre de distorsion

$$f_2(a_i, x_c, y_c) = \frac{1}{N} \sum_{i=1}^{N} |c_i(a_i, x_c, y_c) - \max(c_{i0})| \qquad (2.3)$$

$$(a_1, ..., a_n, x_c, y_c) = \underset{(a'_1, ..., a'_n, x'_c, y'_c)}{argmin} (f_1 + f_2) \qquad (2.4)$$

La convergence de l'optimisation est assurée de plusieurs façons :

- un seuil est fixé pour l'erreur minimale ;

- le nombre d'itérations est limité à un seuil raisonnable ;

- la tolérance sur la variation des paramètres est limitée également.

76

2.1.1.2 Reconstruction de l'image sans distorsion

Une fois les paramètres du polynôme et du centre de la distorsion déterminés, on est en mesure de lier un pixel dans l'image avec distorsion à un pixel dans l'image sans distorsion.

Notre but étant de reconstruire l'image sans distorsion, il nous faut trouver le polynôme inverse de telle manière que l'on sera capable de relier un pixel dans l'image corrigée à un pixel dans l'image de départ.

Pour inverser le polynôme, nous utilisons une régression linéaire multiple qui, à partir des coefficients $(a_1, ..., a_n)$, nous donne les coefficients $(k_1, ..., k_n)$ du polynôme inverse (voir annexe A).

2.1.1.3 Pseudo-code

Ici, nous présentons l'algorithme que nous avons codé.

2.1.2 Estimation du point principal

Les propriétés de rotation de l'endoscope à vision oblique permettent de savoir que lors d'une rotation de la tête de la caméra, la caméra endoscopique tourne autour de l'axe optique de la caméra (ou l'axe z de la caméra).

On tourne l'image selon l'axe z en tournant la tête de la caméra (voir figure 2.4 page 94). D'après la littérature, on sait que l'image tourne alors autour du point principal. Donc en identifiant plusieurs primitives, il est possible d'estimer à partir de 3 positions d'un point le centre d'une rotation en trouvant le centre du cercle circonscrit au triangle formé par ces 3 positions (voir figure 2.5 page 94).

Soit deux points A(x_A, y_A) et B(x_B, y_B) mis en correspondance dans deux images différentes (voir figure 2.6 page 95).

L'équation cartésienne de la médiatrice du segment AB s'écrit :

$$\frac{x_B - x_A}{y_B - y_A}x + y = \frac{x_B - x_A}{y_B - y_A}\frac{x_A + x_B}{2} + \frac{y_A + y_B}{2} \tag{2.5}$$

Ainsi, avec un ensemble de n points p_i (x_i, y_i), on obtient le système d'équations surdéterminé suivant dont le centre du cercle $\mathbf{x}$ (x_c, y_x) est l'inconnue :

$$\begin{bmatrix} \frac{x_2 - x_1}{y_2 - y_1} & 1 \\ \frac{x_3 - x_1}{y_3 - y_1} & 1 \\ \frac{x_3 - x_2}{y_3 - y_2} & 1 \\ \cdots & \cdots \\ \frac{x_n - x_{n-1}}{y_n - y_{n-1}} & 1 \end{bmatrix} \begin{pmatrix} x_c \\ \\ y_c \end{pmatrix} = \begin{pmatrix} \frac{x_2 - x_1}{y_2 - y_1}\frac{x_1 + x_2}{2} + \frac{y_1 + y_2}{2} \\ \frac{x_3 - x_1}{y_3 - y_1}\frac{x_1 + x_3}{2} + \frac{y_1 + y_3}{2} \\ \frac{x_3 - x_2}{y_3 - y_2}\frac{x_2 + x_3}{2} + \frac{y_2 + y_3}{2} \\ \cdots \\ \frac{x_n - x_{n-1}}{y_n - y_{n-1}}\frac{x_{n-1} + x_n}{2} + \frac{y_{n-1} + y_n}{2} \end{pmatrix} \Longleftrightarrow A\mathbf{x} = \mathbf{b} \tag{2.6}$$

Il faut alors au moins 1 point mis en correspondance dans 3 images, ce qui donne 3 équations, afin d'obtenir une solution.

Cette équation est alors résolue en appliquant une décomposition en valeurs singulières sur la matrice A (voir annexe A).

Enfin, on peut trouver les coordonnées du point principal (u_0, v_0) en posant simplement $u_0 = x_c$ et $v_0 = y_c$.

L'algorithme sur la figure 2.7 page 96 est proposé.

La même méthode sera utilisée pour l'estimation du point principal lors de l'autocalibrage puisque l'information utilisée provient de la scène endoscopique et pas d'un objet de calibrage.

2.1.3 Estimation du ratio d'aspect α et de la focale au départ

On rappelle que la matrice de projection relie un point $\mathbf{p}_i$ d'une image extraite d'une séquence vidéo à un point de l'espace 3D $\mathbf{P}_i$ de la manière suivante :

$$\mathbf{p}_i = M\mathbf{P}_i = K[R|\mathbf{t}] = \begin{bmatrix} f & 1 & u_0 \\ 0 & \alpha f & v_0 \\ 0 & 0 & 1 \end{bmatrix} [R|\mathbf{t}]\mathbf{P}_i \qquad (2.7)$$

Le point principal (u_0, v_0) est déjà connu.

Pour estimer les autres paramètres à savoir le ratio d'aspect α et la focale de départ f ainsi que la transformation rigide entre le référentiel de l'objet g et celui de la caméra $T_{c(i)\leftarrow g} = [R_i|\mathbf{t}_i]$, nous allons utiliser la méthode linéaire classique de calibrage de DLT vue dans la littérature.

On rappelle qu'après avoir estimé les matrices projectives 3D M, ces mêmes matrices sont décomposées par la décomposition RQ (voir annexe IV) afin de trouver une première estimation de la matrice K et de la matrice $T_{c(i)\leftarrow w} = [R_i|\mathbf{t}_i]$ pour chaque position i de la caméra.

Pour cela, on utilise un objet de calibrage comprenant 120 points non coplanaires dont on connaît avec précision les positions relatives en 3D (voir figure 2.8 page 97).

Finalement, une optimisation non-linéaire raffine l'estimation de la matrice des paramètres intrinsèques K et de la matrice des paramètres extrinsèques

$[R_i|\mathbf{t}_i]$ pour chaque position i de la caméra.

$$\mathbf{e} = \begin{pmatrix} R_i \\ \mathbf{t}_i \\ f \\ \alpha \end{pmatrix} = \operatorname*{argmin}_{\mathbf{e}'} \sum_{images} \|\mathbf{p}_i - K(f,\alpha)[R_i|\mathbf{t}_i]\mathbf{P}_i)\| \qquad (2.8)$$

En résumant, après une correction de la distorsion dans l'image, le point principal est estimé puis par la suite la focale, le ratio d'aspect et la matrice des paramètres extrinsèques $T_{c_{(0)} \leftarrow w}$.

2.2 Système de suivi de mouvement

Dans cette partie, nous développons les méthodes et matériels utilisés pour estimer la transformation rigide en un point de l'espace vers un point dans le référentiel de la caméra.

2.2.1 Présentation de la caméra endoscopique, de ses spécificités et du modèle général de projection

La caméra endoscopique utilisée en chirurgie thoracoscopique, on l'a vu, par rapport à une caméra normale, présente des spécificités propres et notamment la possibilité de faire une rotation du tube endoscopique par rapport à la tête de la caméra. En effet, la tête de la caméra est reliée au tube de l'endoscope par un coupleur, ce qui permet une rotation entre les deux (voir figure 2.9 page 97).

Comme on l'a vu dans la revue de littérature, la rotation de la tête de la caméra correspond à une rotation selon l'axe optique tandis que la rotation du tube de l'endoscope correspond à une rotation selon l'axe du tube suivi d'une rotation selon l'axe optique (voir figure 2.10 page 98).

Le mouvement que l'on va vouloir suivre pour mettre à jour la matrice des paramètres extrinsèques correspond donc au mouvement du tube de l'endoscope mais également au mouvement de la tête de la caméra.

Nous allons utiliser le modèle de Wu comme référence ; ainsi comme on l'a vu dans la revue de littérature, le modèle de la caméra devient le suivant :

$$\mathbf{p}_i = T(\theta)KT_{c\leftarrow w}\mathbf{P}_i \tag{2.9}$$

$$\text{où } T(\theta) = \begin{bmatrix} R(\theta) & -R(\theta)\begin{pmatrix} u_0 \\ v_0 \end{pmatrix} + \begin{pmatrix} u_0 \\ v_0 \end{pmatrix} \\ \mathbf{0} & 1 \end{bmatrix}$$

$$\text{et } R(\theta) = \begin{bmatrix} cos(\theta) & sin(\theta) \\ -sin(\theta) & cos(\theta) \end{bmatrix}$$

$T(\theta)$ est donc de taille 3x3. θ est l'angle de rotation entre la tête de la caméra et le tube de l'endoscope. Son estimation sera décrite dans la section 2.2.4.

$T_{c\leftarrow w}$ est la matrice de transformation (rotation et translation) du repère w, correspondant au repère de reconstruction des points 3D $\mathbf{P}_i$, au repère c de la caméra correspondant au repère du plan de l'image. Elle est donc de taille 4x4. Son estimation sera décrite en détail dans la section 2.2.3.

L'axe z du repère de la caméra est l'axe optique. Les deux bases w et c ainsi définies sont illustrées sur la figure 2.11 page 98. La base w est la base du système de suivi de mouvement.

Par conséquent, le suivi du mouvement du tube de l'endoscope, ainsi que le suivi de l'angle θ, angle de la rotation entre le tube et la tête de la caméra, est nécessaire. Nous allons maintenant voir quels ont été nos choix pour ce suivi.

2.2.2 Présentation du système de suivi de mouvement

2.2.2.1 Choix du système de suivi de mouvement

Pour réaliser l'objectif vu plus haut, plusieurs systèmes de suivi de mouvement existent et permettent de détecter la position et l'orientation d'un marqueur dans l'espace. Ces systèmes se différencient par la façon dont le marqueur est détecté.

Le système Polaris, très utilisé dans la littérature, appartient aux systèmes actifs. Ces systèmes sont plutôt coûteux et les marqueurs associés sont encombrants. De plus, la lumière infrarouge produite pour repérer les billes réfléchissantes impose des contraintes de distances sur les marqueurs. C'est pourquoi un système totalement passif a été considéré dans ce projet : la caméra Microntracker (voir figure 2.12 page 99) n'a pas besoin de marqueurs actifs.

Le système Microntracker a l'avantage de proposer des marqueurs peu encombrants et pouvant être suivis par un apprentissage rapide. Il utilise la lumière visible pour observer les marqueurs en 3D par triangulation grâce à la caméra stéréoscopique (de la même manière que le font nos yeux).

2.2.2.2 Nomenclature des marqueurs Microntracker et utilisation d'un marqueur comme base

Les marqueurs Microntracker répondent à une structure précise.

Pour former un marqueur, on emploie la notification donnée par le fournisseur suivante. On appelle *Xpoint* une intersection de damier sur une surface plane. Cette intersection définit deux lignes imaginaires appelé *Xline* et dénoté selon la terminologie adoptée sur la figure 2.13 page 99.

On appelle vecteur deux Xpoints arrangés de telle manière qu'un *BW* (*Black-White*) *XLine* coincide avec un *WB XLine* (voir figure 2.13 page 99).

Il est alors possible de former une base à partir d'un marqueur Microntracker. Nous avons utilisé dans ce projet deux types de marqueurs présentés sur la figure 2.14 page 100. Leurs bases associés sont également présentées et sont déterminées grâce à la propriété planaire des marqueurs.

On note $\mathbf{P}_1$ le Xpoint qui intersecte les deux *XLines*, $\mathbf{P}_2$ le point le plus éloigné de $\mathbf{P}_1$ et $\mathbf{P}_3$ le dernier point. Alors l'axe $\mathbf{z}$ est défini comme le vecteur $\left(\frac{\mathbf{P}_2-\mathbf{P}_1}{\|\mathbf{P}_2-\mathbf{P}_1\|}\right)$.

L'axe $\mathbf{x}$ est défini comme le vecteur $\left(\frac{\mathbf{P}_3-\mathbf{P}_1}{\|\mathbf{P}_3-\mathbf{P}_1\|}\right)$.

Enfin on définit l'axe $\mathbf{y}$ comme le produit vectoriel entre $\mathbf{z}$ et $\mathbf{x}$: $\mathbf{y} = \mathbf{z} \wedge \mathbf{x}$.

Soit m le référentiel du marqueur. Ce référentiel intermédiaire est créé pour calculer le déplacement du marqueur.

La transformation rigide $T_{m \leftarrow w}$ entre le référentiel du Microntracker et le référentiel du marqueur s'écrit alors en notant $R_{w \leftarrow m} = \begin{bmatrix} \mathbf{x} & \mathbf{y} & \mathbf{z} \end{bmatrix}$:

83

$$T_{m \leftarrow w} = T_{w \leftarrow m}^{-1} = \left[\begin{array}{cc} R_{w \leftarrow m}^{-1} & -R_{w \leftarrow m}^{-1} \mathbf{P}_1 \end{array} \right]^{-1} \qquad (2.10)$$

De même, la transformation $T_{w \leftarrow m}$ s'écrit :

$$T_{w \leftarrow m} = \left[\begin{array}{cc} R_{w \leftarrow m} & \mathbf{P}_1 \end{array} \right] \qquad (2.11)$$

2.2.2.3 Placement des marqueurs sur la caméra

On rappelle que l'on veut suivre le mouvement du tube de la caméra et également la rotation de la tête de la caméra en fonction du tube. Pour cela, nous allons placer deux marqueurs ; un marqueur de type A sur le tube placé sur un porte-marqueur et un marqueur de type B placé sur la tête de la caméra (voir figure 2.15 page 101).

2.2.3 Estimation de la matrice des paramètres extrinsèques (transformation $T_{c \leftarrow w}$)

Lors d'un déplacement de la caméra, le système de suivi Microntracker nous donne donc, en suivant le marqueur placé sur le tube, la transformation rigide $T_{m_{(i)} \leftarrow w}$ où $m_{(i)}$ correspond au marqueur à la ième position et w au référentiel du Microntracker.

Les coordonnées des marqueurs placés sur la caméra endoscopique sont données dans le référentiel du MicronTracker w. w est défini comme le référentiel de reconstruction 3D. Le repère du marqueur ainsi que le repère de la caméra constituent alors des référentiels mobiles dans w.

On a alors pour la ième position de caméra et en notant $m_{(i)}$ le référentiel du marqueur à la ième position le modèle suivant (voir figure 2.16 page 102). :

$$\mathbf{p}_i = T(\theta)KT_{c \leftarrow w}\mathbf{P}_i = T(\theta)KT_{c_{(0)} \leftarrow m_{(0)}}T_{m_{(i)} \leftarrow w}\mathbf{P}_i \qquad (2.12)$$

Les matrices de transformation $T_{m_{(i)} \leftarrow w}$ sont obtenues par le système de suivi de mouvement.

La transformation $T_{c_{(0)} \leftarrow m(0)}$,où $c_{(0)}$ est le référentiel de la caméra à la position 0, nous est donnée par un premier calibrage DLT. En détail, $T_{c_{(0)} \leftarrow m(0)}$ est égal à $T_{c_{(0)} \leftarrow w}T_{w \leftarrow m(0)}$.

Il est possible de définir un autre repère de reconstruction g (que le repère w) que l'on a relié au préalable au repère w par la transformation $T_{w \leftarrow g}$; il suffit alors de multiplier à droite par cette transformation.

$$\mathbf{p}_i = T(\theta)KT_{c \leftarrow g}\mathbf{P}_i = T(\theta)KT_{c_{(0)} \leftarrow m_{(0)}}T_{m_{(i)} \leftarrow w}T_{w \leftarrow g}\mathbf{P}_i \qquad (2.13)$$

En détail, $T_{c_{(0)} \leftarrow m(0)}$ est égal à $T_{c_{(0)} \leftarrow g}T_{g \leftarrow w}T_{w \leftarrow m(0)}$.

2.2.4 Ajout d'un modèle de rotation de la tête de la caméra en gardant le tube fixe et estimation de $T(\theta)$

Enfin, il ne reste plus qu'à estimer l'angle de rotation θ afin d'estimer la transformation $T(\theta)$. On fixe la position pour laquelle $\theta = 0$ lors du calibrage DLT.

Pour cela, on se rappelle que l'on a placé un marqueur sur la tête de la caméra.

On va donc exprimer la rotation du marqueur placé sur la tête de la caméra dans le repère défini par le marqueur placé sur le tube de l'endoscope (voir figure 2.17 page 103).

Nous utiliserons la méthode de Wu pour estimer l'angle θ à partir des deux marqueurs. L'algorithme de Wu est rappelé ici.

- Tout d'abord, il s'agit d'estimer le centre de rotation dans le repère du marqueur de la caméra.

On note $T_{mtube \leftarrow mtete}$ la transformation rigide entre le marqueur du tube et le marqueur de la tête. Cette transformation s'exprime ainsi :

$$
\mathbf{P}_i = T_{mtube_i \leftarrow mtete_i} \mathbf{P}_r = T_{mtube_i \leftarrow w} T_{w \leftarrow mtete_i} \mathbf{P}_r = T_{mtube_i \leftarrow w} T_{mtete_i \leftarrow w}^{-1} \mathbf{P}_r
$$

$$(2.14)$$

Pour estimer le centre de la rotation $\mathbf{O_r}$, on tourne la tête de la caméra et on prend ainsi n positions du marqueur placé sur la tête.

On génère un point aléatoire $\mathbf{P}_r$ dans le référentiel du marqueur tête. On le transforme pour 3 positions choisies de façon aléatoire parmi les n dans le repère du marqueur tube et on obtient 3 points $\mathbf{P}_a$, $\mathbf{P}_b$ et $\mathbf{P}_c$ en utilisant l'équation 2.14. Ensuite on calcule le centre circonscrit au triangle formé par ces 3 points pour trouver le centre de rotation :

$$
\mathbf{O} = (\frac{(\mathbf{P_b} - \mathbf{P_a}).(\mathbf{P_a} - \mathbf{P_c})}{2\|(\mathbf{P_a} - \mathbf{P_c}) \wedge (\mathbf{P_b} - \mathbf{P_c})\|^2} \cdot ((\mathbf{P_a} - \mathbf{P_c}))
$$
$$
\wedge (\mathbf{P_b} - \mathbf{P_c})) \wedge (\mathbf{P_b} - \mathbf{P_c})
$$
$$
+ \frac{(\mathbf{P_a} - \mathbf{P_c})}{2} + \mathbf{P_c}
$$

$$(2.15)$$

Puis on calcule la variance de la distance du vecteur $\mathbf{P}_j - \mathbf{O}$ pour les $n - 3$ autres positions j que l'on conserve.

En reproduisant l'opération $N = 1000$ fois, on retourne le $\mathbf{O}$ qui minimise la variance.

Cette opération doit être réalisée une seule fois car le centre de rotation reste fixe.

- Ensuite pour calculer l'angle θ et le mettre à jour, on génère à nouveau un point aléatoire dans le repère du marqueur tête. On transforme alors ce point dans le repère de départ où $\theta = 0$ et dans le repère où l'on veut calculer θ. On obtient alors respectivement deux points $\mathbf{P}_0$ et $\mathbf{P}_\theta$.

On trouve θ en utilisant la formule d'Al-Kashi dans le triangle $P_0 O P_\theta$:

$$\theta = \pm arccos \frac{\|\mathbf{P}_0 - \mathbf{O}\|^2 + \|\mathbf{P}_\theta - \mathbf{O}\|^2 - \|\mathbf{P}_\theta - \mathbf{P}_0\|^2}{2\|\mathbf{P}_0 - \mathbf{O}\|\|\mathbf{P}_\theta - \mathbf{O}\|} \qquad (2.16)$$

Il faut également considérer un signe pour l'angle θ. Pour cela, on définit le sens de l'axe de rotation lors du premier calibrage qui permet de trouver O. Puis ensuite, à chaque expérience, on obtient les projetés $\mathbf{P}_0'$ et $\mathbf{P}_\theta'$ de $\mathbf{P}_0$ et $\mathbf{P}_\theta$ dans le plan défini par l'axe de rotation initial et le point O.

Le signe de θ est alors égal au signe du déterminant des vecteurs $\mathbf{P}_0'$ et $\mathbf{P}_\theta'$.

$$\frac{\theta}{|\theta|} = \frac{P_{0x}' P_{\theta y}' - P_{0y}' P_{\theta x}'}{|P_{0x}' P_{\theta y}' - P_{0y}' P_{\theta x}'|} \qquad (2.17)$$

On reproduit l'expérience $N = 1000$ fois et on garde la moyenne des θ calculés.

2.2.5 Pseudo-code

Les étapes de l'algorithme pour le suivi de mouvement et la mise à jour des paramètres extrinsèques de la caméra sont résumées dans la figure 2.18 page 104.

2.3 Autocalibrage de séquences thoracoscopiques : mise à jour per-opératoire de la matrice des paramètres intrinsèques

Dans cette section, la méthode d'autocalibrage va être présentée. Il ne reste plus que la matrice des paramètres intrinsèques K à mettre à jour dans notre modèle de la caméra endoscopique. Nous allons conserver une méthode parmi celles vues dans la littérature pour autocalibrer

2.3.1 Choix de la méthode d'autocalibrage

On va argumenter notre choix de méthode en fonction des contraintes et des mouvements réalisés durant la chirurgie de l'endoscope

2.3.1.1 Contraintes

Plusieurs contraintes et limitations sont inhérentes au projet d'autocalibrage de séquences thoracoscopiques.

- La méthode d'autocalibrage doit donner un taux de confiance au chirurgien et au système afin qu'une erreur ou une impossibilité d'effectuer l'autocalibrage n'ait qu'un impact limité sur le reste du système.

- La procédure d'autocalibrage doit être le plus possible non contraignante pour le chirurgien. La méthode devra nécessiter le minimum d'intervention du chirurgien.

- Le nombre de primitives de correspondance est limité. Effectivement, les séquences thoracoscopiques présentent peu de primitives géométriques naturelles. Un autocalibrage classique demande en général un ensemble de primitives minimum égal à 8 points afin de résoudre l'équation de l'autocalibrage. Cependant, si on fait l'hypothèse que l'identification des primitives est bruitée, les primitives pour résoudre un autocalibrage doivent être nécessairement plus nombreuses afin d'écarter les valeurs atypiques (*outliers*) trop bruitées. Cela nécessite habituellement d'exploiter une certaine redondance pour compenser les erreurs. Ainsi, plus le nombre de primitives est important, plus la procédure d'autocalibrage est robuste.

Par conséquent, il y aura un compromis à faire entre la robustesse de la méthode au bruit et le degré d'intervention du chirurgien dans la procédure si on impose à la méthode un nombre faible de primitives géométriques.

2.3.1.2   Présentation des mouvements possibles de l'endoscope

Les mouvements de la caméra endoscopique sont relativement limités car le tube endoscopique est à l'intérieur du corps.

En outre, le chirurgien a davantage tendance à laisser la caméra fixe alors qu'il dissèque le disque intervertébral.

Comme on l'a déjà vu, la caméra laisse la possibilité de faire une rotation pure selon un axe différent de l'axe optique lorsque la caméra et le tube endoscopique tournent solidairement. Sur la figure 2.19 page 105 sont référencées les deux rotations principales de l'endoscope. A cela, on peut ajouter une troisième rotation, la rotation seule du tube de l'endoscope alors que la tête de la caméra reste fixe ; cette rotation n'est autre qu'une composée des deux premières.

Un autocalibrage par rotation pure ne nécessite que 4 primitives géométriques au minimum (4 points, 4 lignes, 3 points et 1 ligne, 1 point et 3 lignes au minimum) ce qui est plus faible que les autres méthodes. Cependant, si on veut maximiser la robustesse de la méthode, il faudra maximiser le nombre de primitives géométriques suivies le long de la séquence.

Cependant, cet autocalibrage demande une intervention du chirurgien qui doit alors faire une rotation de la caméra, ce qui peut être rapide voire automatique si on est en possession d'un bras motorisé pour tenir la caméra.

C'est pourquoi nous avons retenu cette méthode que nous allons maintenant développer dans la suite.

2.3.2 Autocalibrage par rotation pure

Nous considérons dans cette partie, d'après la littérature, que seul le point principal (u_0, v_0), la focale f et le modèle de distorsion va être amené à évoluer au cours du temps. Effectivement, le point principal et le modèle de distorsion varie en fonction de la focale et du zoom. Par conséquent, nous fixons le ratio d'aspect α.

Nous allons présenter maintenant les différentes étapes de notre méthode d'autocalibrage qui sont dans l'ordre :

- estimation du point principal à partir des primitives géométriques de la scène

- estimation des homographies

- estimation linéaire de la focale

- raffinement non linéaire de la focale par minimisation algébrique

- mise à jour du modèle de distorsion et raffinement des paramètres u_0,v_0 et de f.

2.3.2.1 Estimation du point principal

Pour estimer le point principal, on utilise la même méthode vue précédemment dans la section 1.

2.3.2.2 Estimation des homographies

Lorsque la caméra fait une rotation pure, on rappelle qu'un même point de l'espace exprimé dans 2 images de la séquence, $\mathbf{p}_0$ et $\mathbf{p}_i$, sont liés par une homographie c'est à dire que l'on peut trouver une matrice H de taille 3x3 tel que :

$$\mathbf{p}_i = H\mathbf{p}_0 \tag{2.18}$$

Ainsi une fois que les primitives géométriques sont mises en correspondance, nous utilisons la méthode DLT pour l'estimation des matrices projectives 2D (homographies) qui est semblable à la méthode DLT pour l'estimation des matrices projectives 3D.

On note $\mathbf{h} = \begin{pmatrix} \mathbf{H}_1^T \\ \mathbf{H}_2^T \\ \mathbf{H}_3^T \end{pmatrix}$ le vecteur des éléments de la matrice H composé des lignes de la matrice notés $\mathbf{H}_i$. On rappelle que pour chaque point $\mathbf{p}_i(x_i, y_i, \omega_i)$ mis en correspondance sur les images de la séquence, on peut alors écrire les 2 équations suivantes :

$$\begin{bmatrix} \mathbf{0}^T & -\omega_i \mathbf{p}^T & y_i \mathbf{p}^T \\ \omega_i \mathbf{p}^T & \mathbf{0}^T & -x_i \mathbf{p}^T \end{bmatrix} \begin{pmatrix} \mathbf{H}_1^T \\ \mathbf{H}_2^T \\ \mathbf{H}_3^T \end{pmatrix} = A\mathbf{h} = \mathbf{0} \qquad (2.19)$$

Avec 8 équations donc 4 points, on est capable de résoudre ce système.

2.3.2.3 Estimation linéaire avec u_0, v_0, α connus et la focale constante mais inconnue

Pour chaque image i ($i = 1..N$) de la séquence, on obtient une homographie H_i qui associe l'image de départ à l'image i de telle manière qu'il soit possible de faire une mosaïque et de recaler toutes les images de la séquence sur la première image (voir figure 2.20 page 106).

On rappelle que l'équation obtenue dans le cas d'un mouvement de rotation pure et du fait de l'orthogonalité des matrices de rotations, on a, en notant $\omega = (KK^T)^{-1}$ et en imposant que le déterminant de H_i soit égal à 1, la relation suivante :

$$\omega = H_i^{-T} \omega H_i^{-1} \qquad (2.20)$$

92

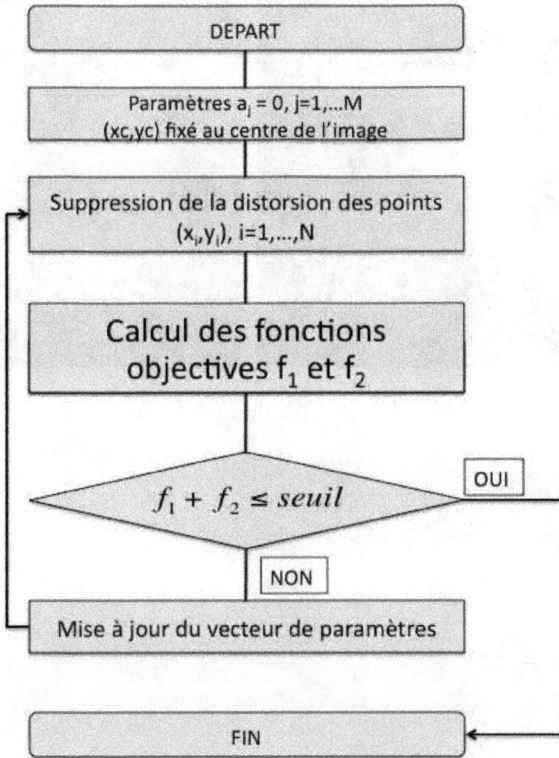

Figure 2.3 Procédure d'estimation des paramètres du modèle de distorsion

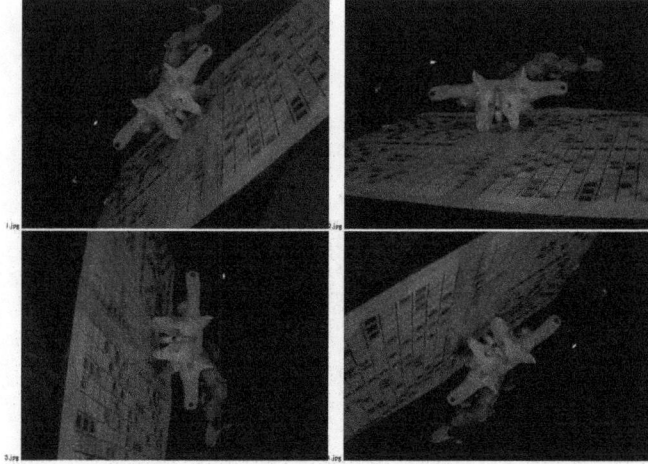

Figure 2.4 Rotation de la tête de la caméra

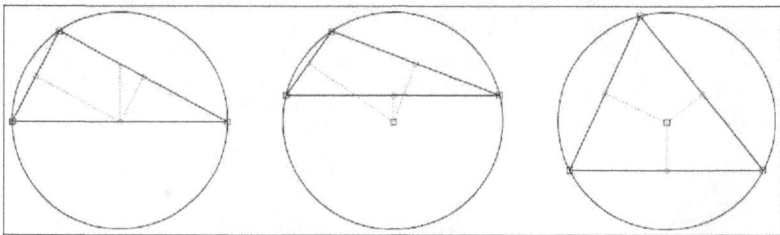

Figure 2.5 Cercle circonscrit

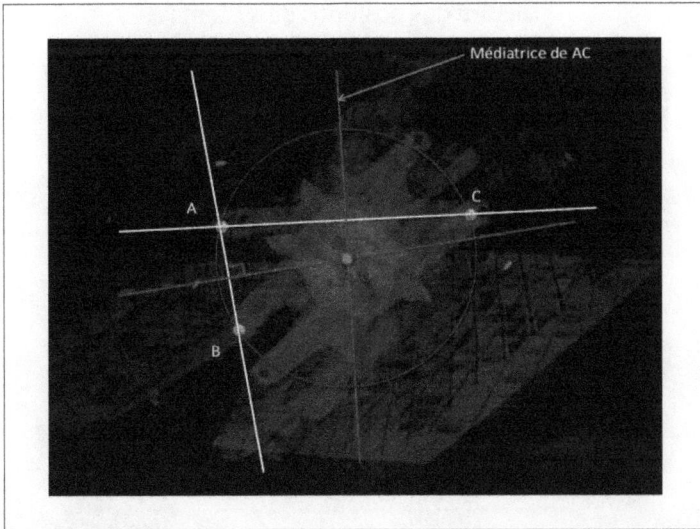

Figure 2.6 Intersection des deux médiatrices lors de la rotation de la tête de la caméra

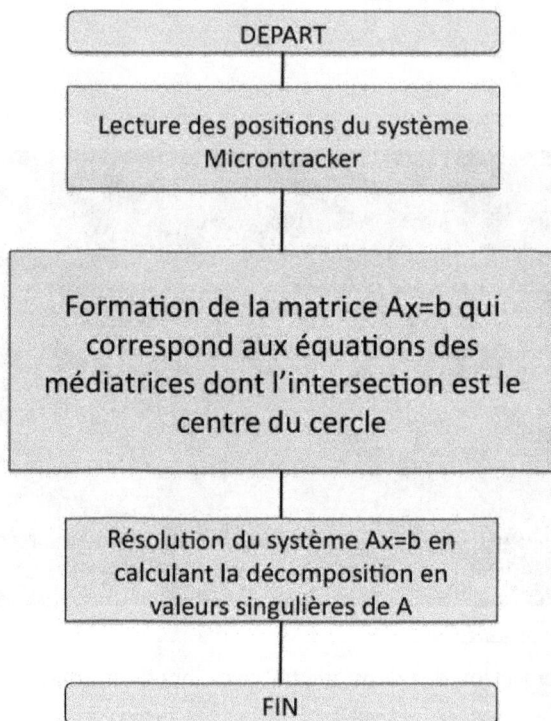

Figure 2.7 Pseudo-code de l'estimation du point principal

Figure 2.8 Objet de calibrage utilisé pour le calibrage DLT

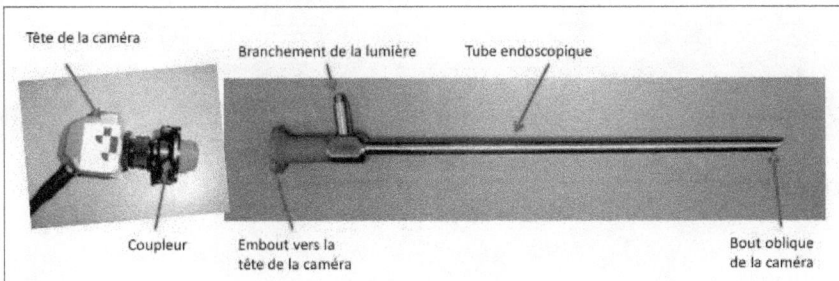

Figure 2.9 La tête de la caméra est reliée à l'endoscope par un coupleur

Figure 2.10 les deux axes de rotation lors de la rotation du tube alors que la tête de la caméra est fixe

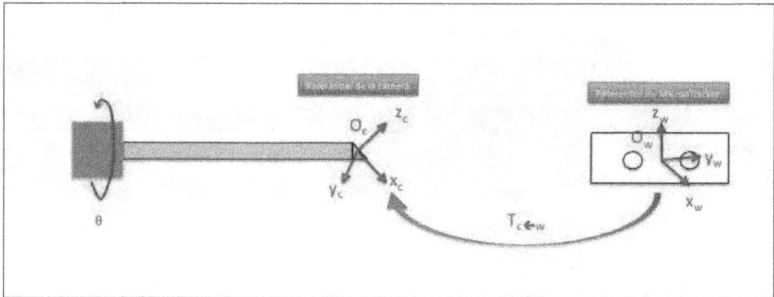

Figure 2.11 Les deux bases des référentiels du monde w et de la caméra c

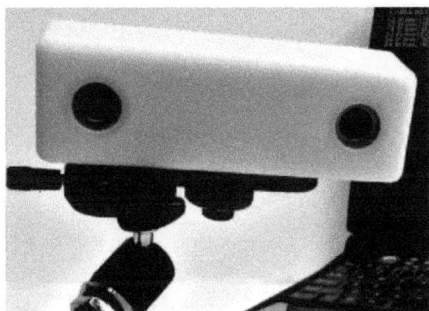

Figure 2.12 La caméra MicronTracker

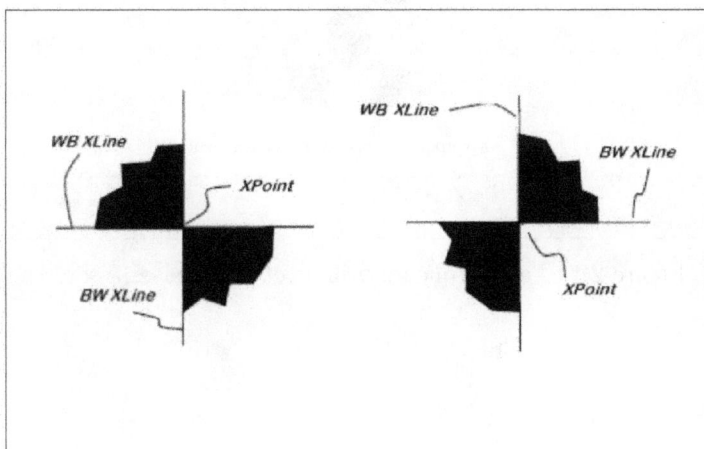

Figure 2.13 Définition des Xpoints et Xlines

99

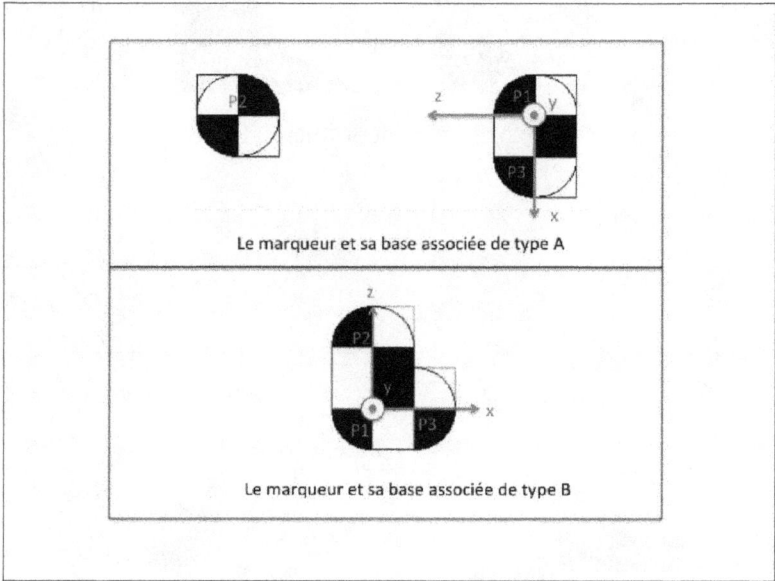

Figure 2.14 Les marqueurs utilisés et leurs bases associées

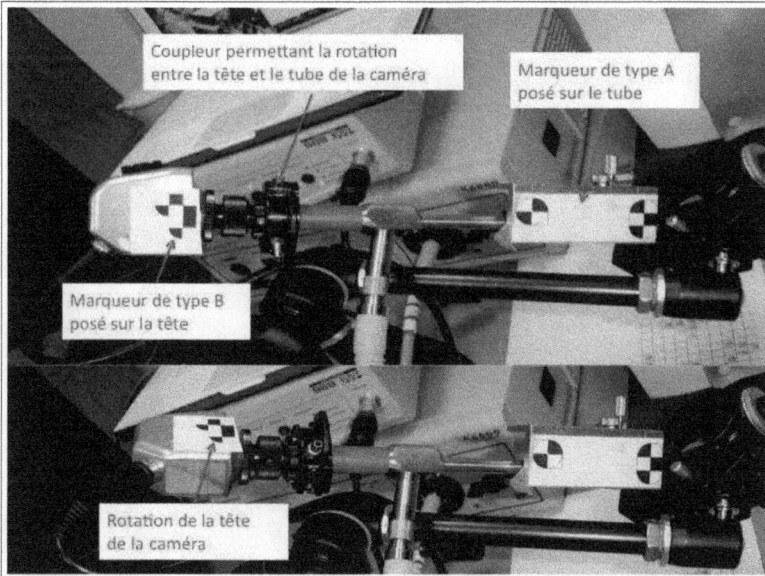

Figure 2.15 Placement des marqueurs sur la caméra endoscopique

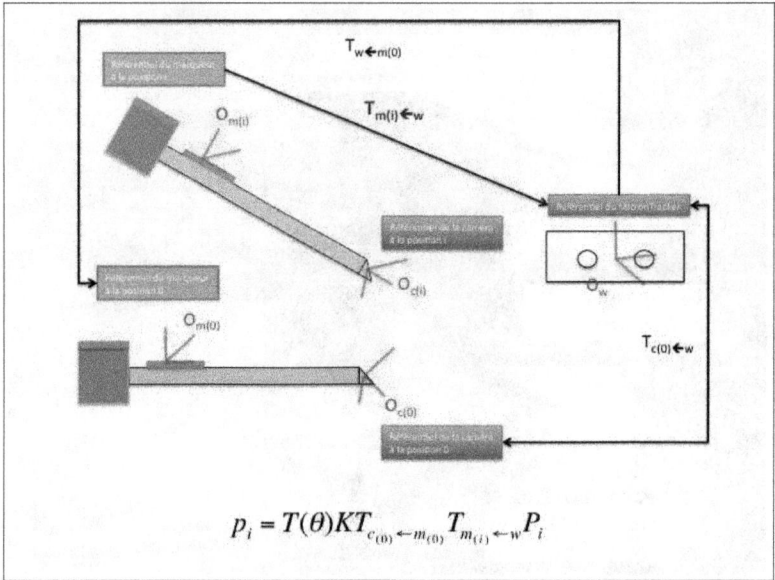

Figure 2.16 Modèle du suivi de mouvement

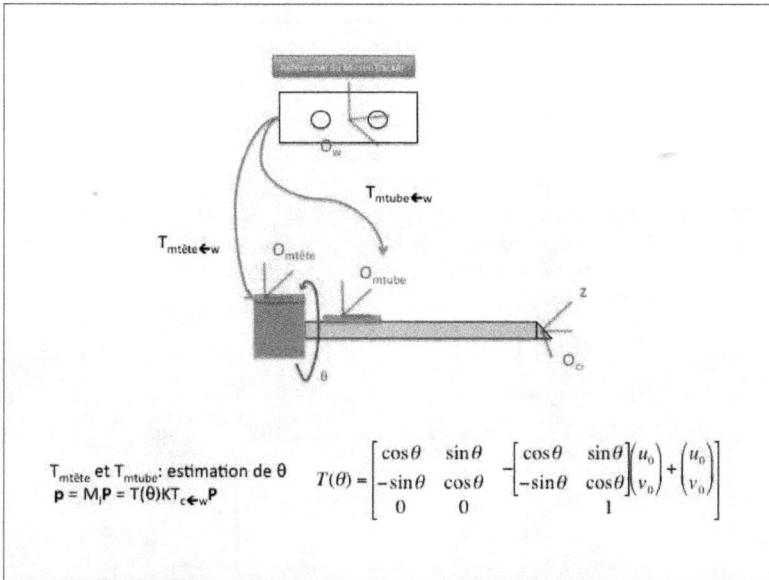

Figure 2.17 Modèle de rotation de la tête de la caméra

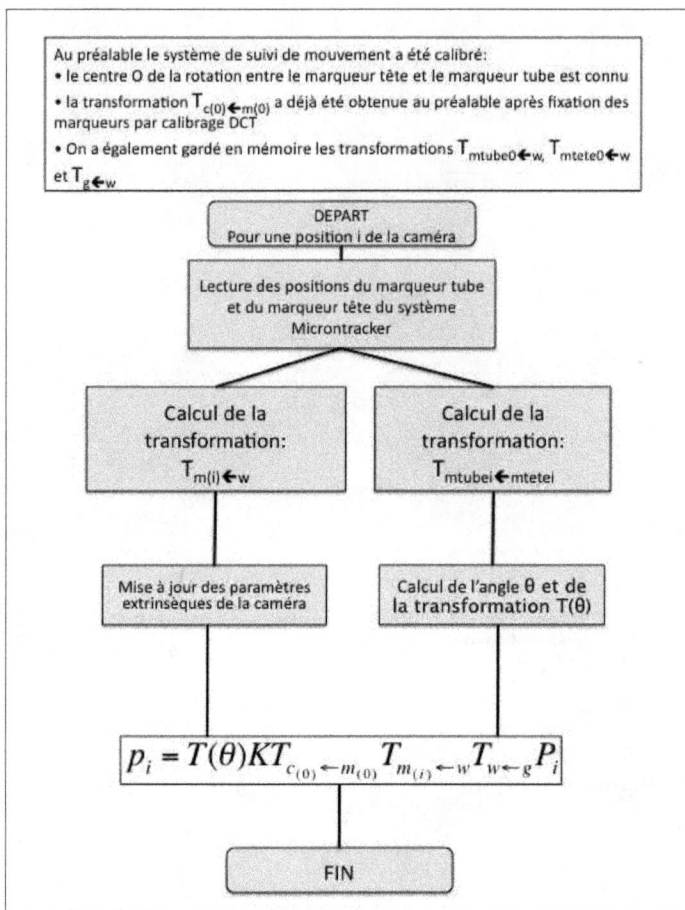

Figure 2.18 Étapes de l'algorithme de suivi de mouvement

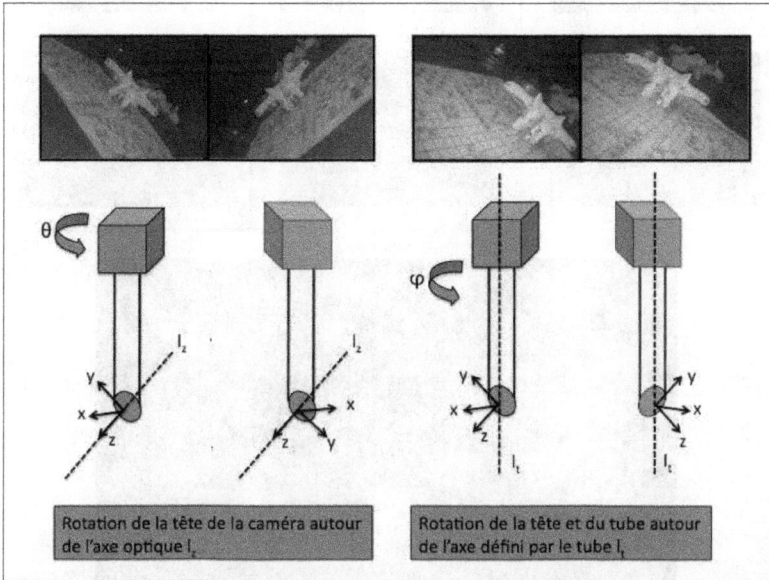

Figure 2.19 Rotations principales

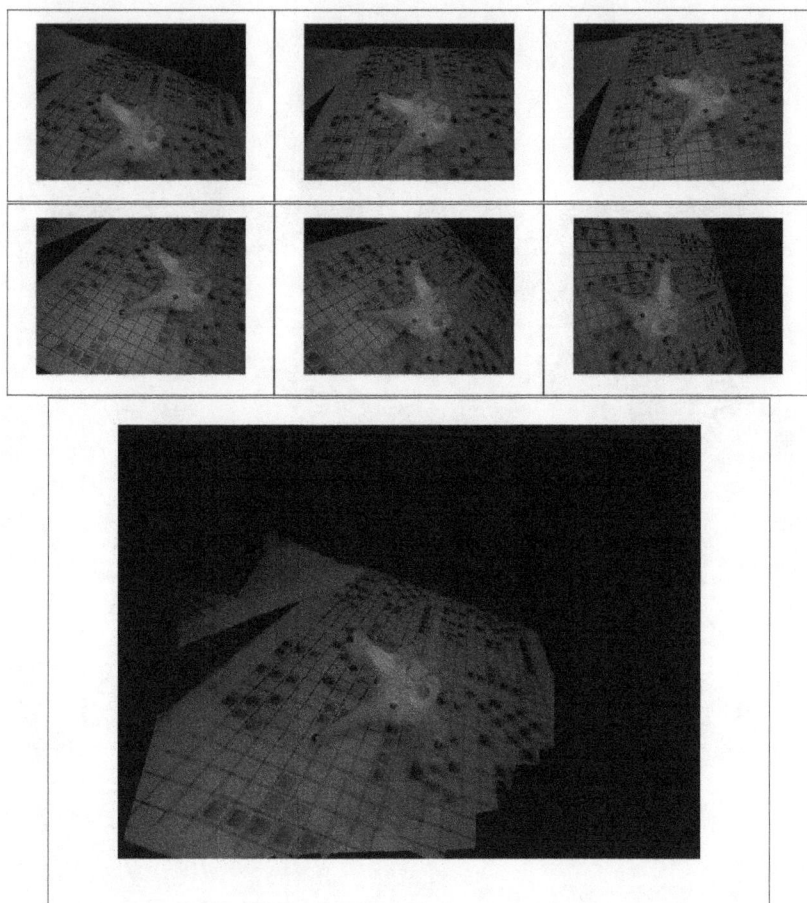

Figure 2.20 Création d'une mosaïque d'image en rotation pure

Pour imposer le déterminant de H_i, qui est défini à un facteur d'échelle près, à 1 on divise les éléments de H_i par $\frac{det(H_i)}{\sqrt{det(H_i)^2}} \frac{1}{det(H_i)^3}$.

On pose $B = f^2\omega$. B est alors égal à :

$$
B = \begin{bmatrix} 1 & 0 & b_1 \\ 0 & b_2 & b_3 \\ b_1 & b_3 & b_4 \end{bmatrix} = f^2\omega = \begin{bmatrix} 1 & 0 & -u_0 \\ 0 & 1/\alpha^2 & -v_0/\alpha^2 \\ -u_0 & -v_0/\alpha^2 & f^2 + u_0^2 + v_0^2/\alpha^2 \end{bmatrix} \quad (2.21)
$$

L'équation $B = H_i^{-T} B H^{-1} = G B G^T$ où $G = \begin{bmatrix} g_1 & g_2 & g_3 \\ g_4 & g_5 & g_6 \\ g_7 & g_8 & g_9 \end{bmatrix} = H^{-T}$ peut

alors se réécrire de la façon suivante, dans notre cas où u_0, v_0 et α sont connus, la focale étant constante mais inconnue :

$$
A.b_4 = \begin{pmatrix} g_3^2 \\ g_3 g_6 \\ g_3 g_9 \\ g_6^2 \\ g_6 g_9 \\ g_9^2 - 1 \end{pmatrix} b_4
$$

(2.22)

$$A.b_4 = \begin{pmatrix} -(g_1^2 - 1 + 2g_1g_3b_1 + g_2^2b_2 + 2g_2g_3b_3) \\ -(g_1g_4 + (g_3g_4 + g_1g_6)b_1 + g_2g_5b_2 + (g_3g_5 + g_2g_6)b_3) \\ -(g_1g_7 + (g_3g_7 + g_1g_9 - 1)b_1 + g_2g_8b_2 + (g_3g_8 + g_2g_9)b_3) \\ -(g_4^2 + 2g_4g_6b_1 + (g_5^2 - 1)b_2 + 2g_5g_6b_3) \\ -(g_4g_7 + (g_6g_7 + g_4g_9)b_1 + g_5g_8b_2 + (g_6g_8 + g_5g_9 - 1)b_3) \\ -(g_7^2 + 2g_7g_9b_1 + g_8^2b_2 + 2g_8g_9b_3) \end{pmatrix}$$
$$(2.23)$$

6 équations sont obtenues pour chaque homographie. En compilant toutes les équations obtenues à partir des N-1 homographies, on obtient un système surdéterminé de 6(N-1) équations $Ab_4 = \mathbf{b}$ qui est résolu par la méthode de résolution en annexe A.

On obtient une solution pour b_4. Il est alors possible de retrouver la focale f puisque $b_4 = f^2 + u_0^2 + v_0^2/\alpha^2$:

$$f = \sqrt{b_4 - u_0^2 - \frac{vo^2}{\alpha^2}} \qquad (2.24)$$

2.3.2.4   Raffinement non linéaire sur l'erreur algébrique

Nous allons raffiner l'estimation de f en minimisant l'erreur algébrique suivante par optimisation de Levenberg-Marquardt (voir annexe B) :

$$f = \underset{f'}{argmin} \sum_{i=1}^{N-1} \|\frac{KK^T}{\|KK^T\|_F} - \frac{H_iKK^TH_i^T}{\|H_iKK^TH_i^T\|_F}\|_F \qquad (2.25)$$

où $\|.\|_F$ est la norme de Frobenius (norme quadratique).

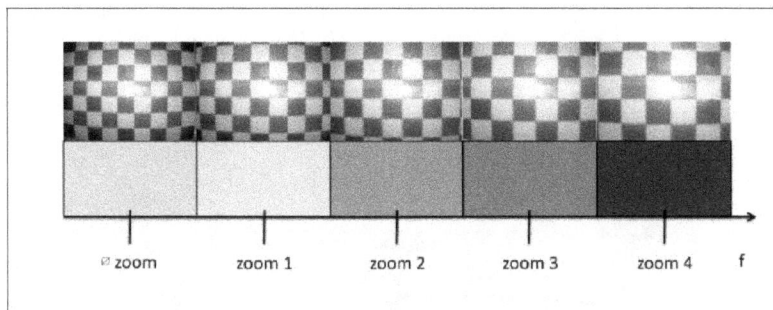

Figure 2.21 Différentes plages de zoom

La focale obtenue par la méthode linéaire est utilisée comme vecteur initial pour l'optimisation.

2.3.2.5 Mise à jour du modèle de distorsion et raffinement des équations

Le modèle de distorsion change en fonction du zoom. Il existe sur la caméra endoscopique 4 niveaux de zoom. Grâce à un calibrage photogrammétrique initial, nous sommes capables de connaître les 5 plages de zoom et changer le modèle de distorsion en conséquence (voir 2.21 page 109).

Ainsi lorsque la focale estimée appartient à une des plages, on adapte le modèle de distorsion et les 4 premières étapes suivantes sont répétées pour raffiner l'estimation de la matrice des paramètres intrinsèques K.

2.3.3 Pseudo-code

L'algorithme est résumé dans le schéma 2.22 page 110.

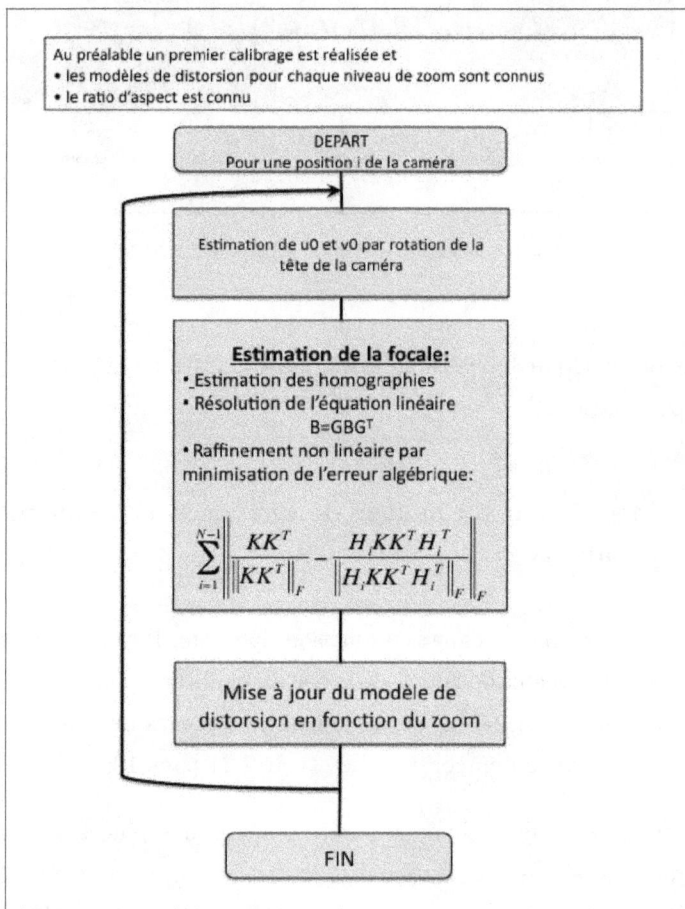

Figure 2.22 Résumé de l'algorithme d'autocalibrage par rotation pure

110

2.3.4 Reconstruction en 3D des primitives géométriques

Une fois les paramètres extrinsèques ($T_{c_{(i)} \leftarrow w} = [R_i | \mathbf{t}_i]$) et intrinsèques ($f$, u_0, v_0, α) connus, il est possible de reconstruire à partir des points identifiés dans l'image, $\mathbf{p}_i$, les points 3D $\mathbf{P}_i$ en minimisant la fonction suivante par optimisation de Levenberg-Marquardt :

$$\mathbf{P}_i = \operatorname*{argmin}_{\mathbf{P}_i'} \sum_{i=1}^{N} \| \mathbf{P}_i' - K[R|\mathbf{t}]\mathbf{p}_i \| \tag{2.26}$$

2.3.5 Protocole de chirurgie proposé

Un protocole d'autocalibrage pour la chirurgie va maintenant être proposé. Le but de ce paragraphe n'est pas de donner en détail les différentes étapes de chirurgie mais de considérer les différentes étapes et interventions de notre méthode dans une procédure de chirurgie.

Les étapes de calibrage pré-opératoire qui sont les suivantes sont réalisées en dehors de la chirurgie :

- estimation des modèles de distorsion pour chaque niveau de zoom

- calibrage photogrammétrique afin d'estimer le ratio d'aspect α

- placement des marqueurs du système de suivi de mouvement sur le tube de l'endoscope et sur la tête de la caméra

Puis, on définit les étapes per-opératoires pendant la chirurgie :

- Rotation de la tête de la caméra avec le tube fixe qui permet l'estimation du centre de rotation de la tête de la caméra par rapport au tube endoscopique

111

et l'estimation du point principal (u_0, v_0).

- Rotation de la tête de la caméra et du tube qui permet l'estimation de la focale

- Mise à jour du modèle de la caméra endoscopique :

$$\mathbf{p}_i = T(\theta) K T_{c \leftarrow w} \mathbf{P}_i = T(\theta) K T_{c_{(0)} \leftarrow w} T_{w \leftarrow m_{(i)}} T_{m_{(0)} \leftarrow w} \mathbf{P}_i$$

- A chaque changement de zoom ou de focale, il faut répéter les deux premières étapes.

2.4 Méthode de validation

Pour chaque partie, le protocole de l'expérience sera expliqué et illustré en détail. Le modèle de l'endoscope utilisé tout au long des expérimentations est un laparoscope Stryker à vision oblique de diamètre 10 milimètres. Celui-ci est utilisé en chirurgie endoscopique à l'hôpital Sainte-Justine (Montréal).

La caméra Stryker attachée au bout de l'endoscope a 5 niveaux de zoom.

Nous allons valider la correction de la distorsion, l'estimation du point principal, la méthode de calibrage photogrammétrique. Puis une expérience sur la précision du Microntracker sera effectuée en préalable de la validation de notre système de suivi de mouvement. Enfin, la méthode d'autocalibrage sera validée en simulation et en environnement contrôlé.

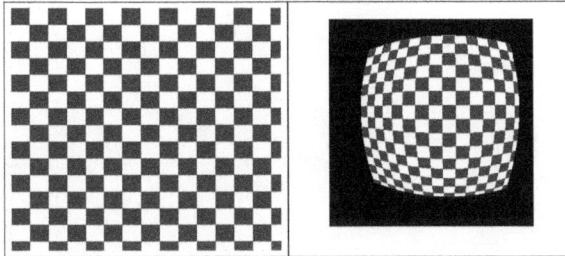

Figure 2.23 à gauche : Grille simulée ; à droite : Grille distordu en simulation

2.4.1 Validation de l'étape de calibrage photogrammétrique préopératoire

Dans cette partie, nous présentons les deux types d'expériences, simulation et environnement contrôlé, réalisés afin de valider la méthode d'estimation de la distorsion, du point principal et calibrage photogrammétrique.

2.4.1.1 Validation de l'estimation de la distorsion

Simulation

Pour valider notre correction de distorsion, nous allons tout d'abord considérer une grille planaire (voir figure 2.23 page 113).

Nous allons simuler une distorsion en barillet présente dans les images endoscopiques. Pour cela, les coefficients du polynôme de distorsion k_i vont être choisis aléatoirement de telle manière qu'ils respectent la condition de concavité du polynôme (voir figure 2.24 page 114).

De plus, le centre de distorsion sera choisi aléatoirement à l'intérieur d'une

113

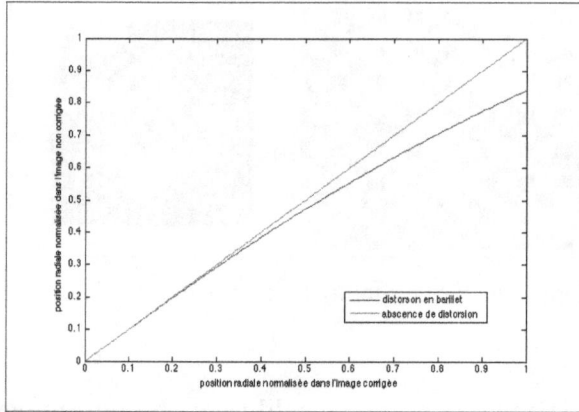

Figure 2.24 Position radiale dans l'image distordue en fonction de la position radiale dans l'image non distordu

gaussienne de variance fixé à 20 pixels autour du centre de l'image (voir figure 2.25 page 115). Ce choix de 20 pixels a été fixé expérimentalement pour couvrir tous les cas rencontrés avec la caméra endoscopique.

Les points de la grille seront identifiés semi-automatiquement par détection des coins de Harris suivi d'une correction manuelle (voir annexe C pour intégrer à la simulation le bruit d'identification des points.

Trois indices vont déterminer la justesse de la correction de la distorsion :

- la courbure des lignes dans la grille calculée à partir de l'indice de courbure utilisé par Haneishi.

Le critère de courbure d'Haneishi (vu dans la revue de littérature), on le rappelle, est la valeur propre minimale de la matrice suivante :

114

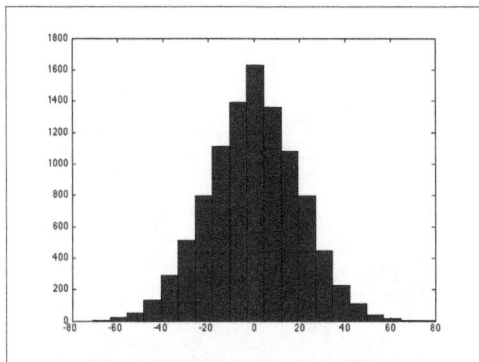

Figure 2.25 Choix du centre de la distorsion de manière aléatoire

$$
M = \begin{bmatrix} \sum_{i=1}^{N} x_i^2 & \sum_{i=1}^{N} x_i y_i & \sum_{i=1}^{N} x_i \\ \sum_{i=1}^{N} x_i y_i & \sum_{i=1}^{N} y_i^2 & \sum_{i=1}^{N} y_i \\ \sum_{i=1}^{N} x_i & \sum_{i=1}^{N} y_i & N \end{bmatrix} \tag{2.27}
$$

- le pourcentage de pixels non corrects en comparant avec la grille originale sans distorsion.

- l'écart-type sur l'aire de tous les carrés

Environnement contrôlé

Nous allons capturer plusieurs images de la grille planaire de la figure 2.26 page 116 pour chaque niveau de zoom en gardant la caméra perpendiculaire à la grille.

On va alors comparer les mêmes critères pour chaque zoom (on rappelle que la distorsion est différente pour chaque niveau de zoom).

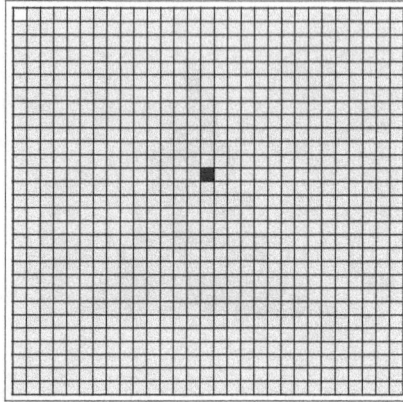

Figure 2.26 Grille utilisée pour l'estimation de la distorsion

Puis, pour vérifier si la correction généralise bien, nous allons capturer plusieurs images avec de la perspective et nous allons calculer le critère de courbure pour toutes les lignes de l'image.

2.4.1.2 Validation de l'estimation du point principal

Simulation

Nous allons simuler 4 points (nombre minimal de points pour la méthode d'autocalibrage) qui tournent autour d'un point principal que l'on choisit aléatoirement.

Nous ajoutons alors du bruit gaussien de moyenne variable entre 0 et 25 pixels avec une variance elle-aussi qui varie de 0 à 25 pixels. Ainsi, cela permet autant d'ajouter du bruit uniforme mais également de simuler une variance entre les 4 points ; c'est-à-dire qu'un des 4 points peut être forte-

116

ment bruité alors que les 3 autres plus faiblement.

Nous évaluerons alors la robustesse de la méthode en observant l'erreur en pixel sur l'estimation du point principal en fonction du bruit.

Environnement contrôlé

Nous allons tout d'abord montrer qu'une rotation de la tête de la caméra implique une rotation autour de l'axe optique. Ainsi en suivant un point dans une séquence de rotation de la tête de la caméra, on va pouvoir évaluer si ce point forme un cercle en calculant la variance des rayons formés par le centre évalué par la méthode et les points identifiés.

Afin d'évaluer l'estimation du point principal, nous allons montrer, pour chaque niveau de zoom, les résultats donnés par la méthode et l'écart-type entre les différentes séquences pour évaluer la cohérence des résultats.

2.4.1.3 Validation de la méthode de calibrage

Simulation

Nous allons simuler un calibrage photogrammétrique en introduisant du bruit uniforme aléatoire sur l'identification des points sur une grille. Les résultats vont être présentés sous la forme de diagramme en boîte, cela permet d'avoir une idée de la distribution des erreurs d'estimation pour chaque niveau de bruit.

Environnement contrôlé

En environnement contrôlé, des tests vont être menés avec la grille de calibrage et la méthode va être validée en considérant l'erreur de reconstruction en pixels. Le nombre d'images nécessaire pour un calibrage DLT est au minimum de 3.

2.4.2 Validation du système de suivi de mouvement

Dans cette partie, les expériences menées sur la précision du Microntracker et sur la validation du système de suivi de mouvement sont présentées.

2.4.2.1 Précision du MicronTracker

L'erreur RMS de précision du MicronTracker donnée par le fournisseur s'élève à 0.2 milimètres pour un marqueur simple. Pour vérifier les performances du MicronTracker, nous allons réaliser deux expériences.

La première expérience va consister à comparer les résultats de numérisation entre le système de numérisation 3D Microscribe ce qui va permettre d'évaluer l'erreur de distance entre deux marqueurs.

Le système de numérisation Microscribe est un bras articulé muni d'un pointeur pouvant être déplacé sur l'objet afin de le reconstruire en 3D.

Un marqueur Microntracker va être placé dans le champ de vision de la caméra ; ce même marqueur va être numérisé par le Microscribe. Ce marqueur servira de base commune aux deux systèmes.

Puis, nous allons déplacer un autre marqueur dans le champ de vision du Microntracker et calculer la différence moyenne de la position du marqueur entre les deux systèmes.

La deuxième expérience va, elle, consister à placer un marqueur sur un instrument. Pour cela, on place le marqueur sur le manche de l'instrument.

Figure 2.27 Le système de numérisation 3D MicroScribe®

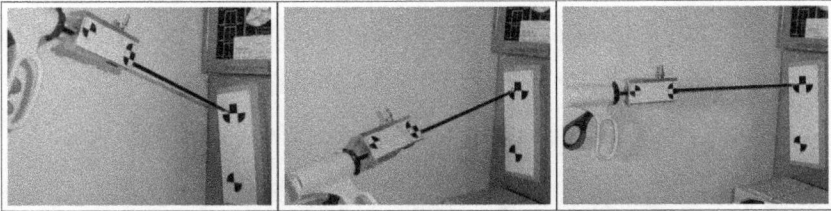

Figure 2.28 Expérience pour la précision du Microntracker ; le bout de l'instrument, au bout duquel est attaché le marqueur, reste à la même position

Puis, on décrit un mouvement aléatoire de l'instrument en gardant le bout de l'instrument à la même position (voir figure 2.28 page 119).

L'erreur sur le bout de l'instrument va être observée.

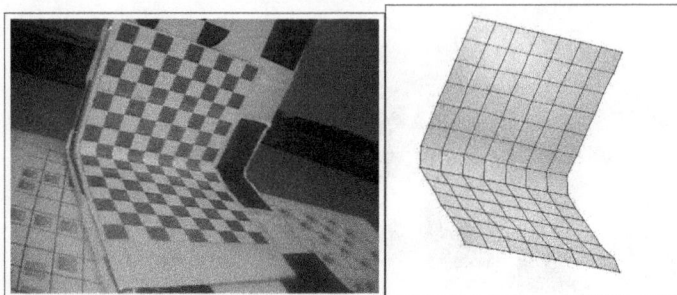

Figure 2.29 à gauche : Objet de calibrage où les points $\mathbf{p}_i$ sont identifiés ; à droite : Modèle 3D de l'objet de calibrage obtenu avec le MicroScribe (numérisateur 3D) (voir figure 2.27).

2.4.2.2 Validation de l'estimation de $T_{c \leftarrow g}$ et du modèle de rotation de la tête de la caméra par rapport au tube endoscopique

On rappelle le modèle de projection de la caméra.

$$\mathbf{p}_i = T(\theta)KT_{c \leftarrow g}\mathbf{P}_i = T(\theta)KT_{c_{(0)} \leftarrow m_{(0)}}T_{m_{(i)} \leftarrow w}T_{w \leftarrow g}\mathbf{P}_i \qquad (2.28)$$

Nous allons commencer par calibrer par la méthode photogrammétrique avec l'objet de calibrage la transformation de départ pour obtenir la transformation de départ $T_{c_{(0)} \leftarrow m_{(0)}}$, puis nous allons calculer l'erreur de reprojection des points de l'objet (voir figure 2.29 page 120) alors que $T_{m_{(i)} \leftarrow w}$ est mis à jour par le Microntracker. Les points de l'objet de calibrage sont identifiés semi-automatiquement : les points sont détectés automatiquement avec un détecteur de coin de Harris et l'utilisateur peut agir si la détection est mauvaise (voir annexe C).

L'erreur de reprojection ϵ correspond à l'erreur quadratique moyenne et s'exprime en pixels :

$$\epsilon = \sqrt{\sum_i \mathbf{p}_i - K_{DLT} T_{c \leftarrow g} \mathbf{P}_i} \qquad (2.29)$$

Nous faisons la même expérience mais cette fois en tournant la tête de la caméra par rapport au tube endoscopique en calculant l'erreur de reprojection des points sur la grille.

Ensuite, nous allons reconstruire en 3D l'objet de calibrage en utilisant la matrice des paramètres intrinsèques K_{DLT} issue du calibrage photogrammétrique et la matrice des paramètres extrinsèques $T_{c \leftarrow g}$ mise à jour par le Microntracker en minimisant par l'optimisation de Levenberg-Marquadt la fonction suivante :

$$\mathbf{P}_{iest} = \underset{\mathbf{P}'_{iest}}{argmin} \sum_i \mathbf{p}_i - K_{DLT} T_{c \leftarrow g} \mathbf{P}'_{iest} \qquad (2.30)$$

On pourra alors comparer notre objet reconstruit avec le modèle 3D de référence de l'objet obtenue par numérisation 3D.

2.4.3 Validation de la méthode d'autocalibrage

2.4.3.1 En simulation

Nous allons simuler à partir d'une image endoscopique une rotation pure autour de l'axe d'un endoscope à vision oblique tel que celui utilisé en chirurgie (voir figure 2.30 page 122).

Figure 2.30 Image endoscopique avec des rotations simulées

La rotation du système endoscopique avec une vision oblique à 45° correspond à une rotation d'un angle ϕ autour de l'axe de coordonnée $(0, -\sqrt{2}/2, \sqrt{2}/2)$ dans le repère de la caméra.

Nous allons ensuite identifier des primitives géométriques dans l'image.

Puis en faisant varier plusieurs paramètres dont le nombre d'images considérées, le nombre de primitives, la variance du bruit gaussien sur l'identification des primitives et sur l'estimation du point principal, nous allons calculer l'erreur relative en pourcentage sur la focale.

Les valeurs des angles de rotation ϕ pour chaque image seront choisies de façon aléatoire entre 0 et 30° qui est la rotation maximale sans perdre de vue les primitives géométriques. La focale variera à chaque expérience et sera choisie aléatoirement entre 600 et 1400 pixels ce qui est l'étendue du système endoscopique utilisé en chirurgie. Le nombre de primitives variera du minimum de 4 points à 6 points.

2.4.3.2   En environnement contrôlé

En environnement contrôlé, la méthode va être validée en comparant la focale estimée avec une valeur de référence obtenue après calibrage DLT et cela pour plusieurs niveaux de zoom.

Le nombre de primitives minimales de notre méthode est, comme on l'a démontré dans la Méthodologie, de 4 points. Nous allons donc autocalibrer en considérant seulement 4 points dans l'image endoscopique.

Au cours de ce projet, nous avons exploré une méthode de reconnaissance de l'instrument dans une image endoscopique afin d'envisager une identification automatique de ces points. Cette méthode est présentée avec ses résultats en annexe (voir annexe I).

Le suivi de ces primitives est actuellement en cours de réalisation par un autre étudiant. Ces points seront donc identifiés manuellement dans la séquence d'images.

Les résultats seront également quantifiés en évaluant l'erreur de reconstruction 3D relative. Pour cela on va considérer une reconstruction 3D référence d'une vertèbre (voir figure 2.31 page 124) (numérisée avec Microscribe) et comparer de façon relative les distances entre les points en recalant le modèle 3D de référence à la vertèbre 3D obtenue par reconstruction. On considérera le repère de reconstruction comme étant le repère g de l'objet de calibrage.

La vertèbre sera reconstruite en identifiant un certain nombre de points supplémentaires dans une séquence d'image endoscopique et après autocalibrage :

$$\mathbf{P}_{iest} = \underset{\mathbf{P}'_{iest}}{argmin} \sum_i \mathbf{p}_i - K_{autocalib} T_{c \leftarrow w} \mathbf{P}'_{iest} \qquad (2.31)$$

La reconstruction projective de la vertèbre sera également donnée pour montrer l'apport de notre autocalibrage pour une reconstruction métrique de la scène. On rappelle qu'une reconstruction projective est donnée par un en-

123

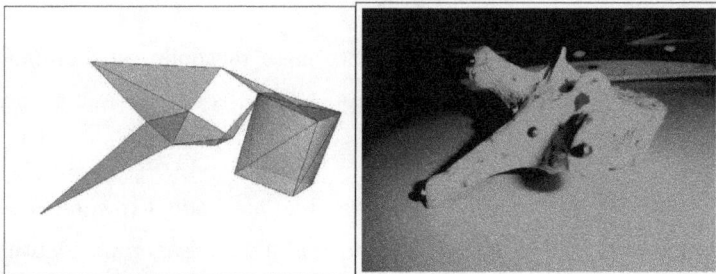

Figure 2.31 à gauche : Modèle 3D de la vertèbre; à droite : Photo de la vertèbre

semble de points $\mathbf{P}_{iproj}$ qui satisfont la relation suivante :

$$\mathbf{p}_i = M\mathbf{P}_{iproj} \qquad (2.32)$$

CHAPITRE 3

RÉSULTATS ET DISCUSSIONS

Après avoir décrit le protocole des expériences dans la section Méthodologie de validation, nous allons, dans cette partie, présenter les résultats et les discuter.

3.1 Validation de l'étape de calibrage photogrammétrique préopératoire

3.1.1 Validation de l'estimation de la distorsion

3.1.1.1 Simulation

Sur 100 expériences simulées, nous observons la moyenne de l'aire des carrés dans chaque image, la variance de l'aire pour chaque image, le pourcentage des pixels différents entre l'image originale et l'image corrigée et enfin le critère de courbure sur toutes les lignes dans chaque image (voir figure 3.1 page 126).

Dans la suite du mémoire, on notera μ_{avt} et μ_{apr}, la moyenne sur les expériences avant correction et après correction respectivement, et σ_{avt} et σ_{apr}, la variance sur les expériences avant et après correction respectivement.

On remarque déjà sur le tableau 3.1 page 126 que la moyenne de l'aire des carrés sur chaque image augmente après correction, ce qui est attendu avec une distorsion en barillet.

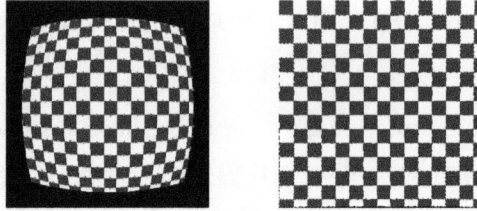

Figure 3.1 à gauche : image simulée ; à droite : image corrigée

Tableau 3.1 Moyenne et écart-type de l'aire des carrés avant et après correction

Critère	μ_{avt}	$\sqrt{\sigma_{avt}}$	μ_{apr}	$\sqrt{\sigma_{apr}}$
Moyenne aire en pixels carrés	527	92.3	782	1.4

Tableau 3.2 Indices de distorsion avant et après correction

Critère	μ_{avt}	μ_{apr}
Ecart-type de l'aire des carrés	137.8	17.58
Pourcentage des pixels différents	42.67	5.21
Courbure des lignes	1.42	$4.15.10^{-5}$

126

La courbure des lignes devient nulle après correction de la distorsion (voir tableau 3.2 page 126). Les 5 % de pixels incorrects après correction sont pour la plupart dus à l'approximation effectuée lors de la reconstruction de l'image.

3.1.1.2 Environnement contrôlé

Les résultats de la correction pour chaque niveau de zoom sont présentés sur la figure 3.6 page 133.

Pour chacune de ces images, on calcule la courbure des lignes de la grille et l'écart-type de l'aire des carrés (voir tableau 3.3 page 129).

Les courbures de lignes deviennent nulles et la variance des aires est minimisée après correction de la distorsion.

Pour vérifier la généralisation de la méthode, nous avons capturé vingt images sur lesquelles ont été calculées les courbures de toutes les lignes et cela pour différents zooms. Puis, nous avons corrigé ces images avec les paramètres de distorsion estimés avec la grille plus haut.

On obtient les résultats présentés dans le tableau 3.4 page 132.

Après correction, une minimisation de la courbure des lignes est observée.

Nous pouvons observer sur la figure 3.3 page 129 la correction de la courbure des lignes lors de la correction de la distorsion.

Il est important de souligner l'influence de la correction de la distorsion sur les résultats de l'autocalibrage. Si la correction appliquée est trop forte, les points près des bords de l'image seront plus éloignés du centre qu'en réalité

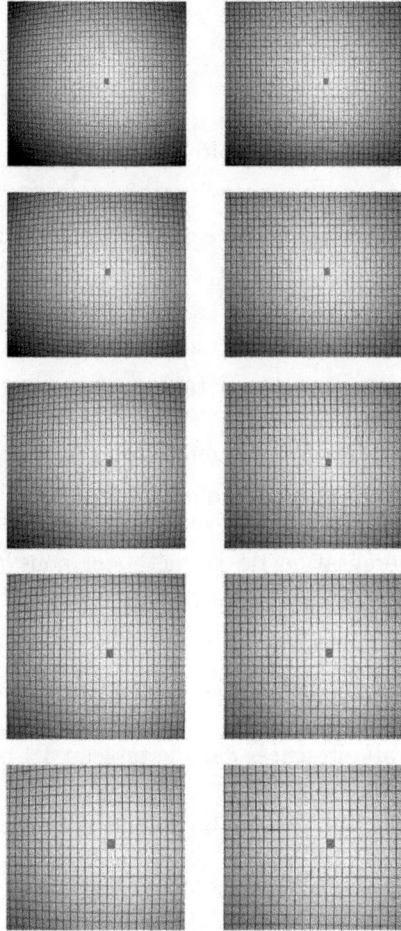

Figure 3.2 à gauche : image de la grille distordue ; à droite : image corrigée de la grille ; de haut en bas : les 5 niveaux de zoom

Tableau 3.3 Indice de courbure et de variance de l'aire des carrés avant et après correction

Niveau de zoom	zoom 1	zoom 2	zoom 4	zoom 5
coubure avant	1.05	0.39	0.09	0.27
courbure après	$4.24.10^{-5}$	$4.56.10^{-5}$	$1.58.10^{-5}$	$1.29.10^{-5}$
variance de l'aire avant	151	156	177	199
variance de l'aire après	44	52	71	68

Tableau 3.4 Indice de courbure avant et après correction

Critère	Avant correction	Après correction
Courbure	0.13	0.007

Figure 3.3 à gauche : image et lignes avec distorsion ; à droite : image et lignes sans distorsion

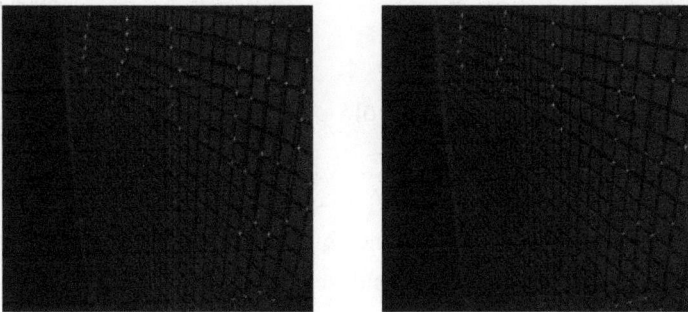

et si la correction est trop faible, ces mêmes points seront plus proches. Cette correction affecte donc l'estimation des homographies dans l'algorithme d'autocalibrage proposé.

La correction de la distorsion est rendu plus simple étant donné que le laparoscope Stryker utilisé en chirurgie ne possède que 4 niveaux discrets de zoom ; ainsi il est plus aisé de mettre à jour le modèle de distorsion quand un changement de focale est détecté. Si la caméra endoscopique avait la possibilité de zoomer en continu, il faudrait alors établir un modèle continu de distorsion.

3.1.2 Validation de l'estimation du point principal

3.1.2.1 Simulation

L'erreur d'estimation du point principal en fonction du bruit d'identification est présenté sur la figure 3.4 page 131.

L'erreur d'estimation augmente linéairement en fonction du bruit. L'erreur d'estimation sur le point principal correspond à l'erreur d'identification des primitives.

3.1.2.2 Environnement contrôlé

Sur 108 images, la variance des rayons calculée pour chaque séquence s'élève à 2 pixels seulement, ce qui vérifie bien que la rotation de la tête de la caméra implique une rotation de l'image endoscopique (voir figure 3.5 page 131).

L'expérience pour montrer la cohérence des résultats est menée sur 108 images. L'estimation moyenne du point principal est présentée dans le ta-

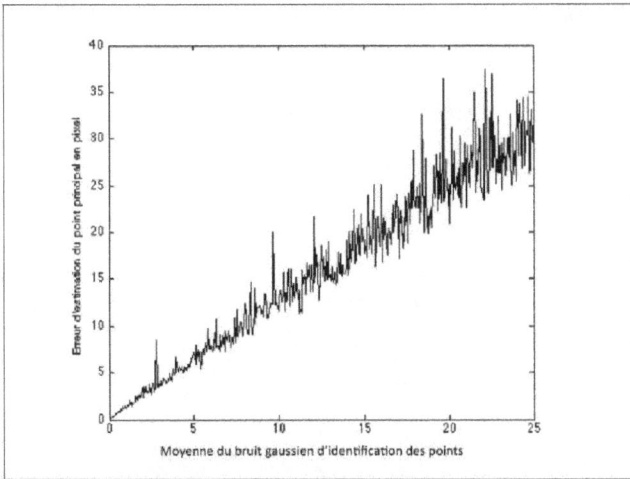

Figure 3.4 Erreur d'identification du point principal en fonction du bruit d'identification des points

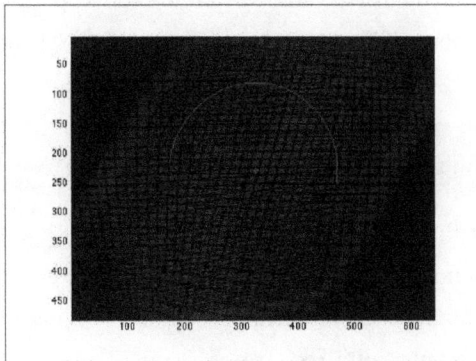

Figure 3.5 Rotation de la tête de la caméra et rotation autour de l'axe optique : vérification

131

Tableau 3.5 Estimation moyenne du point principal

	μ	$\sqrt{\sigma}$
u_0	328	6.5
v_0	227	4.5

bleau 3.5 page 132.

On observe que l'écart-type est assez faible. La variance de la position du point principal en fonction du zoom est donc faible et correspond à ce qui a été observée dans la littérature.

Deux points importants sont à retenir :

- la méthode utilisée est plus précise que de considérer le point principal comme le centre de distorsion. Effectivement, il est rare pour une caméra quelconque de pouvoir tourner la caméra exactement autour de l'axe optique. La propriété intrinsèque du système endoscopique nous permet de réaliser cette rotation et d'estimer la projection de la caméra dans l'image. Le point principal est souvent défini dans les autres études comme le centre de la distorsion ou comme le centre de l'image, deux définitions qui diffère en pratique du point principal.

- la méthode d'estimation du point principal se fait uniquement à partir des informations contenues dans les images de la séquence et donc elle est autant utilisable pour calibrer la caméra par une méthode photogrammétrique que par une méthode d'autocalibrage.

Figure 3.6 Estimation du point principal pour différents zooms

3.1.3 Validation de la méthode de calibrage

3.1.3.1 Simulation

L'objet de calibrage utilisé en environnement réel va être simulé et on va projeter les points 3D pour plusieurs valeurs de focale, de point principal (u_0, v_0) et de distorsion radiale.

Nous allons donc faire 200 expériences aléatoires autour d'une configuration de position, d'orientation et de direction pour 4 caméras.

Lorsque que l'identification des points dans l'image n'introduit aucun bruit, l'estimation des paramètres lors de la calibration manuelle s'effectue sans erreur.

On ajoute alors à chaque point reprojeté dans les images du bruit uniforme dont la moyenne varie de 0 à 6 pixels.

La médiane de l'erreur sur la focale ne dépasse alors pas 0.6% pour 6 pixels en moyenne d'erreur d'identification des points (figure 3.7 page 135).

L'erreur sur le ratio d'aspect est également très faible (voir figure 3.8 page 135).

Enfin est présentée l'erreur sur les paramètres extrinsèques qui correspond à la distance entre le vecteur réel et le vecteur estimé (voir figure 3.9 page 136).

Pour un bruit de 3 pixels, la position de la caméra est estimée à 0.75 mm près.

Enfin, on remarque que l'erreur de reprojection est linéaire en fonction du bruit (voir figure 3.10 page 136).

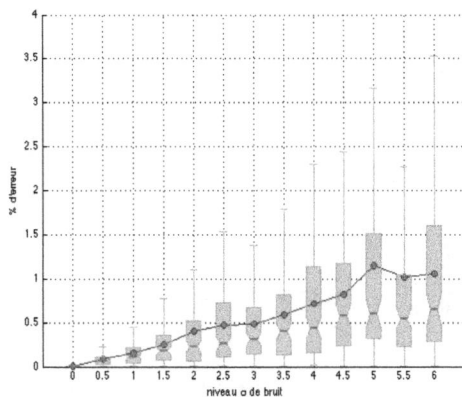

Figure 3.7 Erreur sur l'estimation de la focale en fonction du bruit

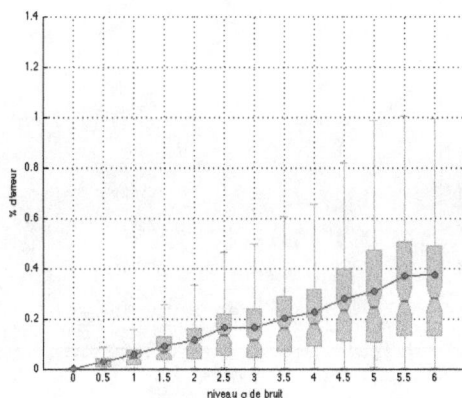

Figure 3.8 Erreur sur l'estimation de α en fonction du bruit

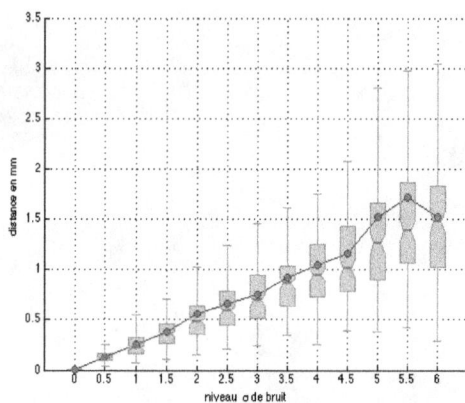

Figure 3.9 Erreur sur l'estimation de la position en fonction du bruit

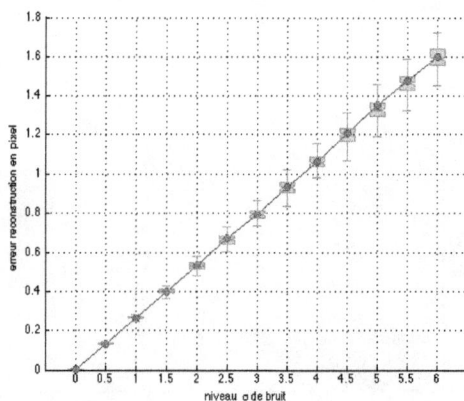

Figure 3.10 Erreur sur l'estimation de l'erreur de reprojection en fonction du bruit

136

Tableau 3.6 Focale moyenne et erreur de reprojection pour différents niveaux de zoom

Position focale	Zoom 1	Zoom 2	Zoom 3
Focale moyenne (en pixels)	650	771	923
Erreur de reprojection (en pixels)	1.13	1.41	1.48

3.1.3.2 Environnement controlé

Nous allons présenter les résultats en indiquant la focale moyenne pour chaque niveau de zoom et l'erreur de reprojection en pixel des points sur la grille.

Nous allons étudier 3 positions de focale et de zoom.

L'erreur de reprojection en pixels augmente en fonction du niveau de zoom car, alors, l'objet de calibrage est plus grand dans l'image et une distance métrique représente alors une distance plus grande en pixels (voir tableau 3.6 page 137).

Le calibrage pré-opératoire se doit d'être robuste parce qu'il est le point de départ du système de suivi de mouvement. C'est pourquoi le DLT, bien que moins flexible que d'autres techniques de calibrage photogrammétrique, nous donne de bons résultats.

Un des points importants de ce calibrage est de connaître le plus fidèlement possible les positions 3D de l'objet de calibrage. Nous avons utilisé le système Microscribe dont la précision est de 0.2 milimètres pour connaître précisément ces positions 3D. Il est également important que les points connus en 3D soient correctement distribués dans l'image.

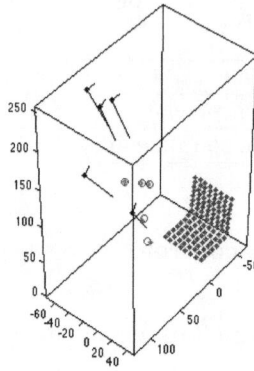

Figure 3.11 Configuration d'un calibrage manuel (en noir les marqueurs du MicronTracker, en point rouge les positions de caméra du calibrage manuel et en rond bleu les positions de caméra du suivi de mouvement

3.2 Validation du système de suivi de mouvement

3.2.1 Précision du Microntracker

Pour valider le système de suivi, nous allons tout d'abord évaluer les performances d'estimation du suivi des marqueurs pour la caméra MicronTracker en la comparant à un système de mesure en 3D le Microscribe

Un marqueur du type MicronTracker est placé sur la caméra endoscopique ; la base de référence est un autre marqueur fixe.

Les deux marqueurs sont numérisés en 3D en utilisant les deux systèmes. Ceux-ci sont alors comparés après les avoir transformés dans la même base.

138

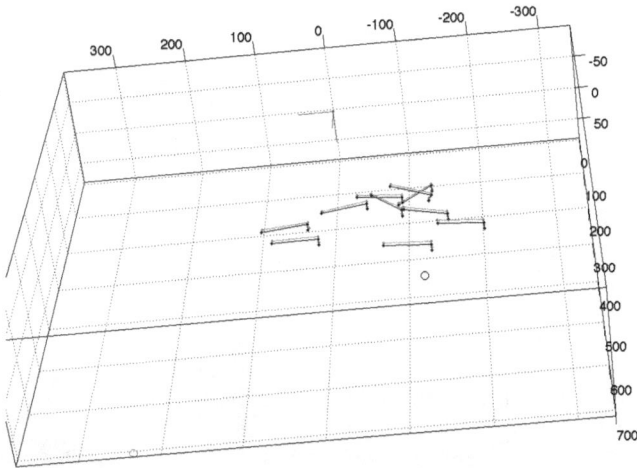

Figure 3.12 Comparaison entre la numérisation 3D du Microntracker et du Microscribe ; le rond est le centre de la caméra stéréoscopique du Micron-tracker

On observe le résultat sur la figure 3.12 page 139.

L'erreur en terme de métrique est présentée dans le tableau 3.7 page 140.

On remarque une erreur absolue de 3 mm en moyenne entre la numérisation du Microntracker et celle du Microscribe.

Nous allons montrer les résultats de la deuxième expérience où un marqueur est fixé sur l'instrument. Pour cela, on place le marqueur sur le manche de l'instrument. Puis, on décrit un mouvement aléatoire de l'instrument en gardant le bout de l'instrument à la même position. L'erreur sur le bout de

Tableau 3.7 Erreur de précision du Microntracker

erreur moyenne en x	0.43 mm
erreur moyenne en y	2.08 mm
erreur moyenne en z	2.13 mm
Moyenne des distances	3.09 mm
Médiane des distances	3.18 mm
Écart-type des distances	1.11 mm

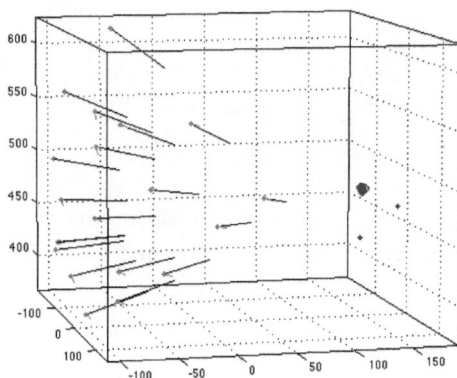

Figure 3.13 Erreur sur l'estimation du bout de l'instrument

l'instrument va être observée (voir figure 3.13 page 140).

On remarque une erreur moyenne de 2.6 mm (voir tableau 3.8 page 141). Cette erreur est due principalement aux erreurs de numérisation 3D entre deux instants de la caméra MicronTracker.

Effectivement, si on simule la même expérience (voir figure 3.14 page 141),

Tableau 3.8 Erreur de répétabilité du Microntracker

erreur moyenne bout instrument	2.6005
erreur mediane bout instrument	2.3808
erreur std bout instrument	1.4652

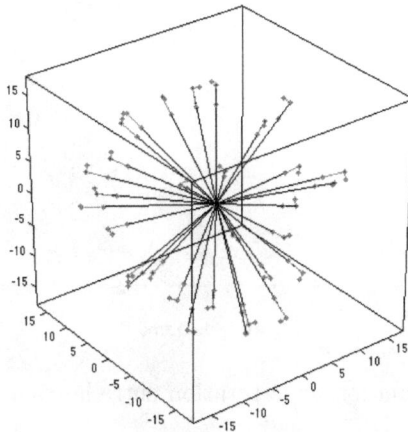

Figure 3.14 Simulation de l'expérience d'estimation du bout de l'instrument

l'erreur de mesure sur la méthode est alors de l'ordre de 10^{-14}.

3.2.2 Validation de l'estimation de $[R|t] = T_{c \leftarrow g}$ et du modèle de rotation entre la caméra et l'endoscope

Nous présentons en premier lieu les résultats de l'estimation de l'angle entre la caméra et l'endoscope sur la figure 3.15 page 142.

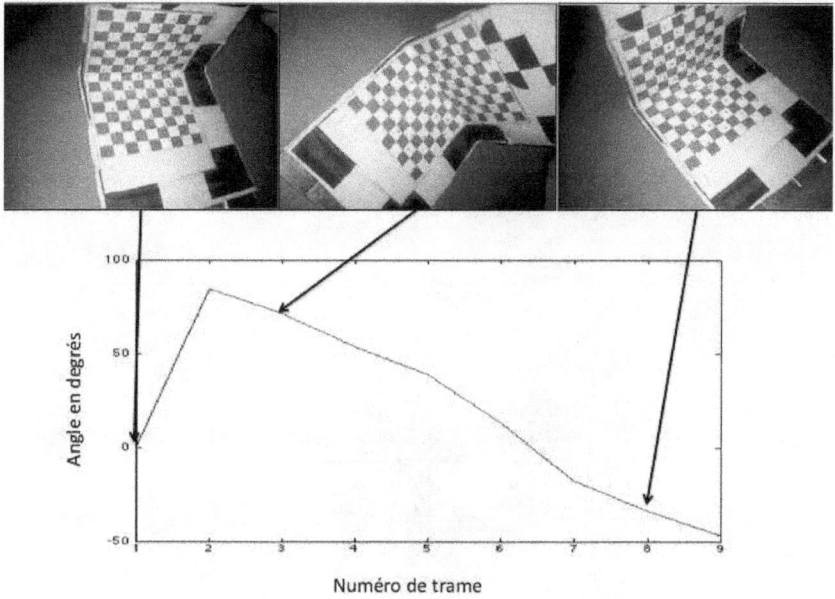

Figure 3.15 Estimation de la rotation entre la caméra et l'endoscope

Tableau 3.9 Indice de précision du modèle de rotation

indice	sans rotation	avec rotation
reprojection en pixels	37.9 px	20.1 px
reconstruction 3D absolue	12.3 mm	8.3 mm
reconstruction 3D relative	7.7 mm	3.7 mm

Nous allons calculer l'erreur de reprojection et de reconstruction des points de l'objet de calibrage dans l'image en considérant la rotation ou en ne la considérant pas (voir tableau 3.10 page 145).

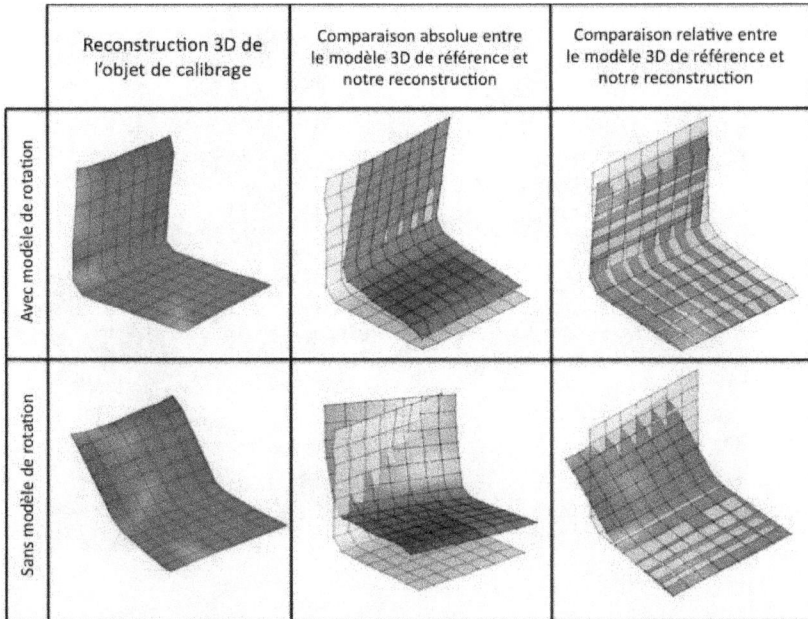

	Reconstruction 3D de l'objet de calibrage	Comparaison absolue entre le modèle 3D de référence et notre reconstruction	Comparaison relative entre le modèle 3D de référence et notre reconstruction
Avec modèle de rotation			
Sans modèle de rotation			

Figure 3.16 Erreur de reconstruction du système de suivi de mouvement

On peut observer l'erreur de reconstruction sur la figure 3.16 page 143.

L'erreur sur notre première séquence est de 38 pixels en moyenne sans modèle de rotation et de 20 pixels avec modèle de rotation. Il est clair que si on ne considère pas le mouvement relatif de rotation entre la tête de la caméra et l'endoscope l'erreur va être plus grande.

On remarque néammoins que même en considérant le modèle de rotation, la reprojection sur les images est bruitée de l'ordre de 20 pixels(voir figure 3.17 page 144).

Cette erreur est principalement due aux erreurs de numérisation du Micron-

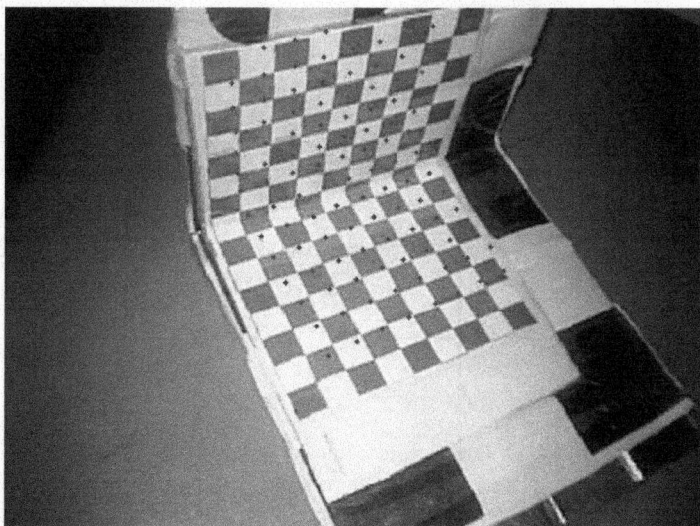

Figure 3.17 Erreur de reprojection du système de suivi de mouvement

tracker qui bruite l'estimation des paramètres extrinsèques et notamment la position, l'axe optique et l'orientation de la caméra.

L'erreur provient également du bruit sur le calibrage DLT de départ qui nous renvoit une erreur de 1.2 pixels de reprojection.

En utilisant ce même calibrage avec plusieurs niveaux de zoom pour estimer la matrice des paramètres intrinsèques K, nous allons estimer l'erreur de reconstruction 3D rendue possible par le système de suivi de mouvement.

Nous avons compilé toutes les erreurs de reconstruction 3D et de reprojection 2D dans un tableau pour plusieurs séquences ayant plusieurs niveaux de

Tableau 3.10 Indice de précision du suivi de mouvement

indice	zoom 1	zoom 2	zoom 3
reprojection en pixels	16.6	17.5	22.2
reconstruction 3D absolue en mm	7.2	6.9	7.2
reconstruction 3D relative en mm	2.9	2.3	2.7

zoom.

L'erreur absolue est en moyenne de 7 millimètres. Après recalage des deux reconstructions, on obtient une erreur relative de 3 millimètres. Compte-tenu des erreurs de précision constatées sur le système de suivi de mouvement et sur le calibrage DLT, l'erreur est acceptable.

Les reconstructions absolues et relatives, pour les 3 niveaux de zoom, sont présentées dans la figure 3.18 page 146.

Nous allons, dans la section suivante, valider la méthode d'autocalibrage ; cette fois, la matrice des paramètres intrinsèques K sera estimée à partir de la scène et nous allons montrer que nous pouvons alors reconstruire la métrique de la scène.

Nous avons opté pour un système flexible qui ne nécessite pas de marqueurs spécifiques. Les résultats du suivi de mouvement sont très corrects puisque il est possible d'effectuer une reconstruction 3D en obtenant environ 2 millimètres d'erreur relative. Par contre, l'erreur absolue est plus grande principalement en raison des erreurs de numérisation 3D des marqueurs.

Pour estimer la rotation entre la tête de la caméra et le tube endoscopique,

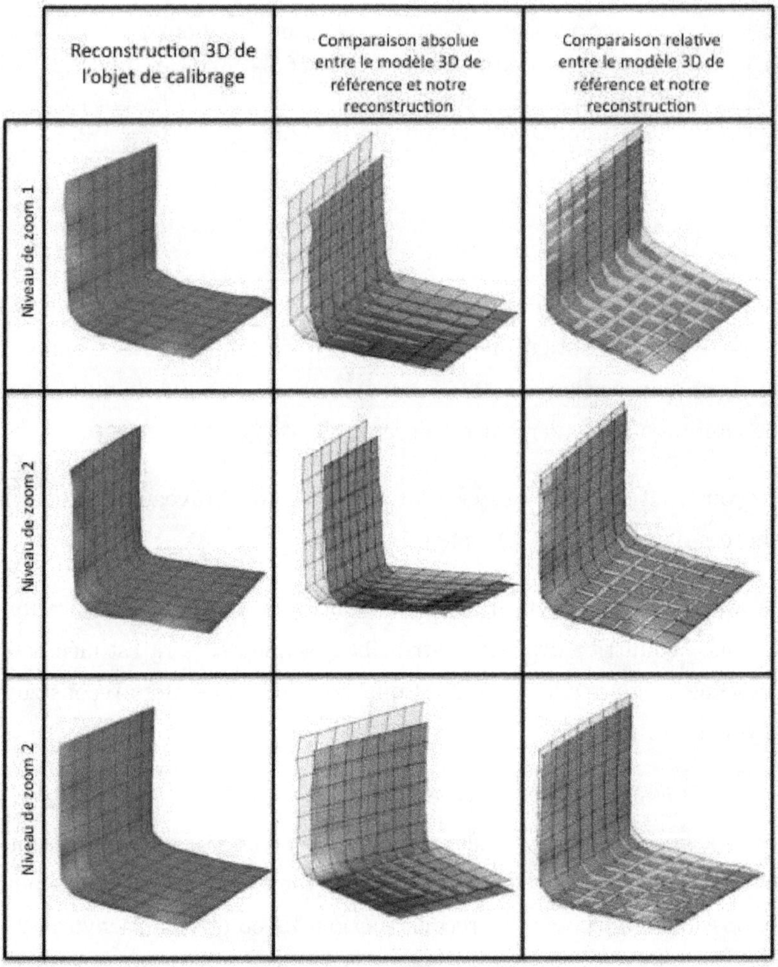

Figure 3.18 Erreur de reconstruction du système de suivi de mouvement

nous avons placé un marqueur sur la tête de la caméra en plus de celui placé sur le tube. En pratique, actuellement, le chirurgien ou l'assistant manipule le système endoscopique en plaçant sa main sur la tête de la caméra pour pouvoir tourner et déplacer efficacement le bout de l'endoscope modifiant ainsi le champ de vision. Notre système de marqueur étant optique, le fait de placer sa main devant empêche tout suivi du marqueur ce qui empêche de mettre à jour correctement la matrice $T(\theta)$.

3.3 Validation de la méthode d'autocalibrage

3.3.1 En simulation

Pour chaque niveau de bruit, l'expérience a été réalisée 50 fois et la moyenne d'erreur d'estimation de la focale sur les 50 expériences a été conservée.

Nous allons afficher les graphiques d'erreur d'estimation de la focale en fonction du bruit gaussien ajouté à l'identification des primitives. Le bruit d'estimation du point principal est fixé à 4 pixels.

On remarque que l'erreur d'estimation est plus faible à mesure que le nombre de primitives suivies dans la séquence augmente. L'estimation des homographies est, en effet, plus juste si le nombre de primitives est élevé et si ces primitives sont également distribuées dans l'image.

En faisant varier le nombre d'image de la séquence considérée, nous obtenons le graphique suivant :

Là encore, plus le nombre d'images considérées dans la séquence est grand, plus l'estimation de la focale est robuste au bruit. Néammoins, cette meilleure robustesse est moins significative que lorsque le nombre de primitives varie.

147

Si maintenant, on fixe le bruit gaussien d'identification des primitives à 1 pixel, nous pouvons observer le comportement de l'erreur d'estimation de la focale en fonction du bruit sur l'estimation du point principal.

Ces graphiques montrent que l'erreur d'estimation de la focale baisse quand le nombre de primitives augmente. De plus, si le nombre d'images de la séquence augmente, l'erreur d'estimation baisse également. Par contre, l'ajout de bruit sur u_0 et v_0 a peu d'influence sur l'erreur d'estimation de la focale.

3.3.2 En environnement contrôlé

Trois séquences en environnement contrôlé vont être considérées dans cette partie. Les 3 séquences correspondent chacune à 3 niveaux de zoom.

Un autocalibrage est réalisé en suivant 4 primitives. Si le mouvement de la caméra est une rotation pure, il est alors possible de construire la mosaïque des images après estimation des homographies (voir figure 3.23 page 157).

Pour évaluer la performance de la méthode, 3 reconstructions 3D d'une vertèbre vont être réalisées après autocalibrage. Sur chaque séquence de 5 trames d'intérêt sont identifiés un certain nombre de points (voir figures 3.24 page 158, 3.25 page 158, 3.26 page 158).

On reconstruit alors la vertèbre en 3D.

Dans la figure 3.27 page 3.27, les reconstructions projectives (qui n'ont pas de sens métrique) sont données ainsi que les reconstructions métriques rendues possibles par l'autocalibrage. Enfin, la reconstruction est comparée au modèle de référence 3D de la vertèbre.

La focale estimée par autocalibrage est également comparée à la focale de référence obtenue par calibrage DLT.

En moyenne, les focales sont estimées à 10% près. Les erreurs métriques de reconstruction s'étalent de 2.6 mm à 8.8 mm.

L'erreur est plus grande pour le niveau de zoom 2. Les simulations ont montré qu'avec 4 primitives, l'autocalibrage est moins bon. C'est le cas ici. On remarque alors que le résidu de l'optimisation non-linéaire de l'autocalibrage s'élève à 1.7926 ce qui est 10 fois plus élevé que les résidus pour les deux autres niveaux de zoom.

En effet, si on identifie 5 primitives au lieu de 4 primitives, on obtient les résultats présentés sur la figure 3.28 page 160.

Les focales estimées avec 5 primitives sont bien meilleures et l'erreur en % est en moyenne de 4.5% au lieu de 10%.

L'erreur de reconstruction pour le zoom 2 est alors plus faible.

Pour le niveau de zoom 3, l'erreur de reconstruction atteint le palier d'erreur observée dans la section de validation du système de suivi de mouvement. L'erreur est de 2.6 mm et la focale est estimée à 3%. Ainsi les paramètres intrinsèques sont estimés correctement ; le bruit observé provient donc des paramètres extrinsèques et du suivi de mouvement.

Si on augmente le nombre de primitives au-delà de 6, l'erreur atteint un palier et aucune amélioration n'est observable.

Deux étapes composent l'algorithme d'autocalibrage : une étape linéaire suivie d'une non-linéaire.

L'algorithme non-linéaire n'est effectivement pas assurée de converger vers

149

un minimum global si le vecteur de paramètres initial est trop écarté de ce même minimum. C'est pourquoi la méthode linéaire est nécessaire.

Nous avons choisi d'imposer le maximum de contraintes à la méthode linéaire; il était effectivement possible, de part les propriétés du système endoscopique, de n'avoir qu'une inconnue dans les équations d'autocalibrage. En imposant le maximum de contraintes, nous évitons plus fréquemment le fait que l'équation linéaire surdéterminé est une solution.

L'algorithme non-linéaire est, lui, plus flexible. On peut, par exemple, permettre à la focale de varier au cours de la séquence utilisée pour l'autocalibrage. Dans notre méthode, la focale est supposée fixe au cours de la séquence de rotation pour l'autocalibrage.

Le nombre de primitives minimum de la méthode est de 4 points, 3 points et 1 ligne ou encore 3 lignes et 1 point. Au delà de 6 primitives ponctuelles, la méthode atteint un palier d'erreur qui ne réduit pas avec l'augmentation des primitives; effectivement, à chaque primitive ajoutée, on ajoute du bruit supplémentaire et à un moment l'ajout d'information n'apporte pas une réduction de l'erreur sur l'estimation de la focale.

Il faut également noté que l'erreur d'estimation sur le point principal affecte peu l'estimation de la focale.

Étant donné le faible nombre de primitives naturelles dans l'image endoscopique, un nombre élevé de primitives n'a pas été étudié. Avec un nombre de primitives élevés, il serait alors plus efficace d'utiliser un algorithme RANSAC qui ne considère qu'un sous-ensemble de primitives et qui ne conserve alors que le sous-ensemble qui minimise l'erreur pour le reste de l'ensemble.

3.4 Discussion générale

3.4.1 Résolution des contraintes de notre projet

3 contraintes ont été imposées au cours de ce projet pour la méthode d'autocalibrage.

- La première concerne le nombre de primitives géométriques qui sont faibles dans une image thoracoscopiques. La méthode d'autocalibrage proposée fonctionne avec 4 primitives ce qui est moitié moins que les autres méthodes si on considère des primitives ponctuelles.

- La seconde impose que la méthode d'autocalibrage donne un taux de confiance au chirurgien et au système afin qu'une erreur ou une impossibilité d'effectuer l'autocalibrage n'ait qu'un impact limité sur le reste du système. Comme on a pu le voir dans la section plus-haut, le résidu de l'optimisation non-linéaire est un indicateur de la réussite de l'algorithme d'autocalibrage. Cette contrainte est donc respectée par la méthode.

- Enfin, le dernier point est de ne pas contraindre le travail du chirurgien. Il est vrai que le travail du chirurgien va être plus contraint que dans les opérations actuelles. Seulement, le confort qu'il obtient par l'apport du système de réalité augmentée nécessite une manipulation supplémentaire en cas de changement de focale ou de zoom. Le suivi de mouvement ne demande cependant aucune manipulation supplémentaire pour le chirurgien et lorsque le chirurgien ne modifie pas la focale ou le zoom, la méthode n'est pas contraignante. Lorsque la focale ou le zoom sont modifiés, nous imposons par contre au chirurgien ou à son assistant d'effectuer une rotation du système endoscopique pour réaliser l'autocalibrage.

3.4.2 Réalisation sur l'application en temps réel

Les expériences, jusqu'alors, n'ont pas été faites en temps réel, puisque chaque trame était prise séparément afin de s'assurer de la synchronisation entre le suivi 3D des marqueurs et la capture des images endoscopiques. Le point délicat de cette synchronisation est le point de départ de la synchronisation. Pour le moment, nous utilisons un clap de la même manière qu'au cinéma pour synchroniser le son et l'image. Ici, nous synchronisons le suivi des marqueurs dans le temps avec l'image. Une synchronisation automatique est en cours de développement en allant chercher le pipeline vidéo de l'endoscope et celui du Microntracker. En outre, alors que l'endoscope capture environ 30 images par seconde, le Microntracker enregistre la position des marqueurs 7 ou 8 fois par seconde.

3.4.3 Interface graphique

Une interface graphique est, elle-aussi, en cours de développement. La dimension humaine est alors à prendre en compte pour la conception de cette interface et le chirurgien doit, par ces suggestions, guidé le travail du chercheur.

Nous pouvons émettre quelques limites au projet :

- il est tout d'abord nécessaire d'effectuer un calibrage photogrammétrique après le placement des marqueurs pour initialiser le système de suivi de mouvement ce qui peut s'avérer contraignant dans le contexte d'un protocole opératoire. Lors d'un changement de focale ou de zoom, l'assistant doit effectuer un mouvement précis à savoir la rotation du système endoscopique ce qui, sans bras mécanique, tenant la caméra peut être difficile.

- l'application ne fonctionne pas en temps réel et le suivi des primitives dans la séquence endoscopique n'est pas encore réalisé automatiquement.

- l'estimation de l'angle θ est réalisé en plaçant un marqueur sur la tête de la caméra proche de l'endroit où le chirugien ou son assistant peuvent placer leurs mains afin de manipuler la caméra.

Nous allons formuler, dans la conclusion, des recommandations qui permettent de répondre aux limites présentées ci-dessus.

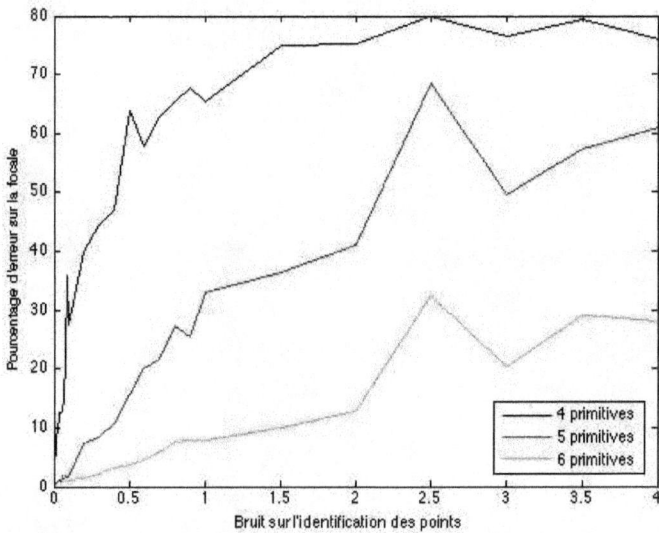

Figure 3.19 Erreur d'estimation de la focale en fonction du bruit sur l'identification des primitives

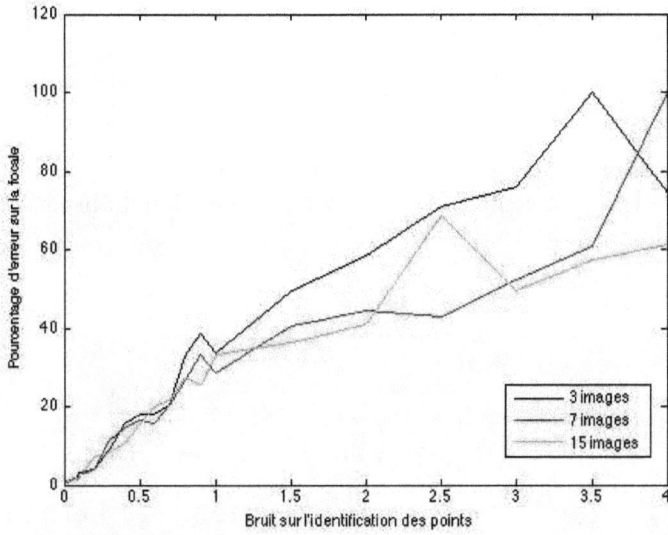

Figure 3.20 Erreur d'estimation de la focale en fonction du bruit sur l'identification des primitives

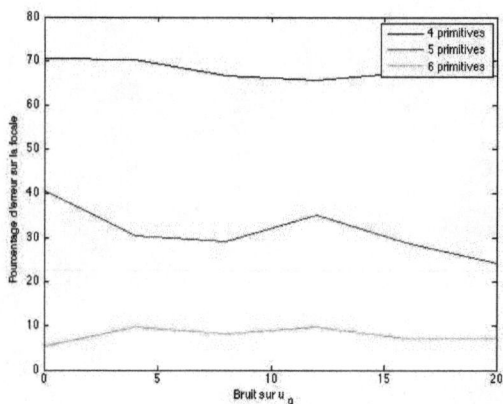

Figure 3.21 Erreur d'estimation de la focale en fonction du bruit sur l'identification des primitives

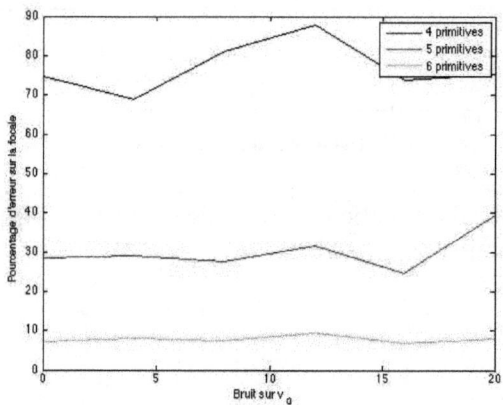

Figure 3.22 Erreur d'estimation de la focale en fonction du bruit sur l'identification des primitives

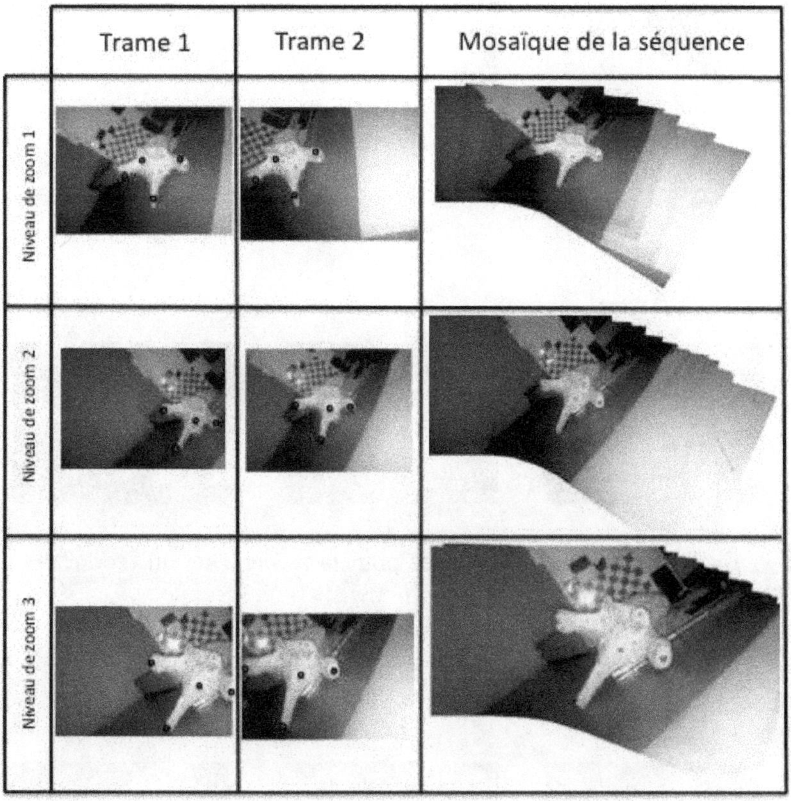

Figure 3.23 Séquence utilisée pour l'autocalibrage et mosaïque des images

Figure 3.24 Séquence utilisée pour la reconstruction (zoom 1)

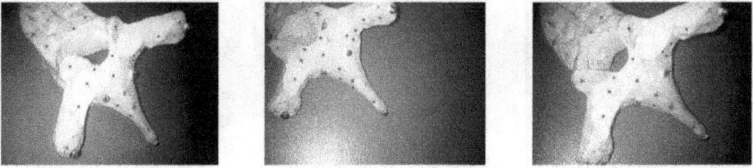

Figure 3.25 Séquence utilisée pour la reconstruction (zoom 2)

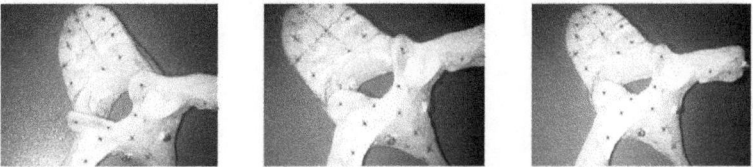

Figure 3.26 Séquence utilisée pour la reconstruction (zoom 3)

158

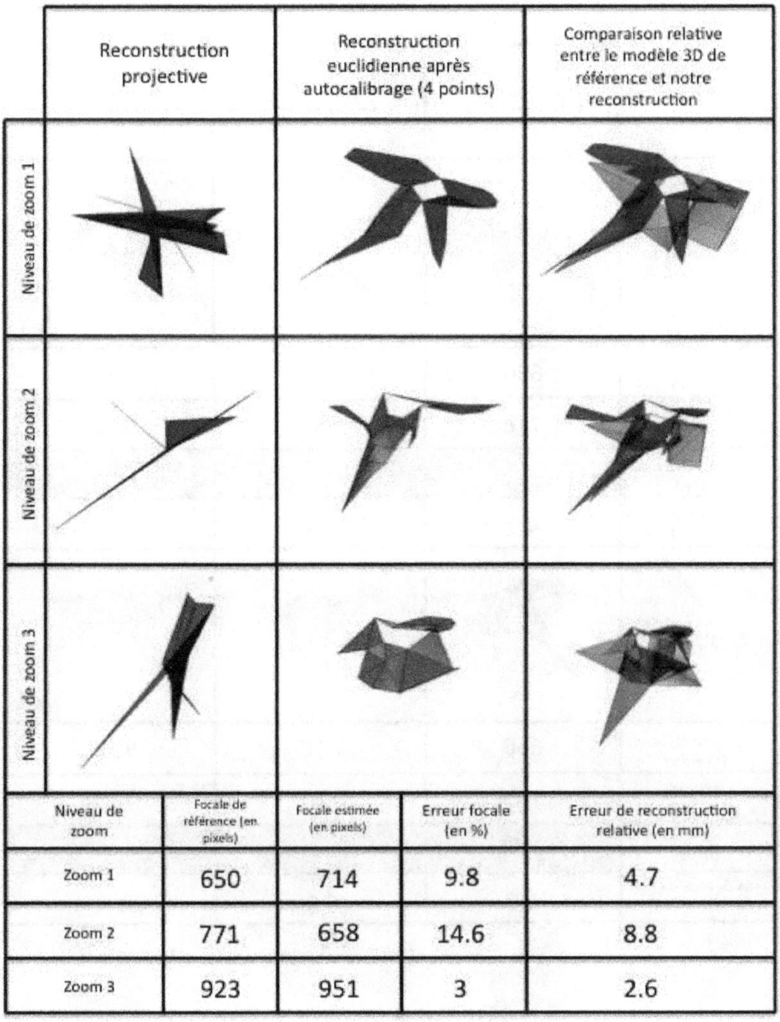

Niveau de zoom	Focale de référence (en pixels)	Focale estimée (en pixels)	Erreur focale (en %)	Erreur de reconstruction relative (en mm)
Zoom 1	650	714	9.8	4.7
Zoom 2	771	658	14.6	8.8
Zoom 3	923	951	3	2.6

Figure 3.27 Résultat de reconstruction métrique pour plusieurs zooms

	Zoom 1	Zoom 2	Zoom 3
4 points		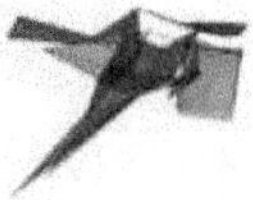	
Focale de référence (en pixels)	650	771	923
Focale estimée (en pixels)	714	658	951
Erreur focale (en %)	9.8	14.6	3
Erreur de reconstruction (en mm)	4.7	8.8	2.6
5 points			
Focale de référence (en pixels)	650	771	923
Focale estimée (en pixels)	707	720	930
Erreur focale (en %)	8.8	6.6	0.8
Erreur de reconstruction (en mm)	4.9	6.5	3.1

Figure 3.28 Résultat selon le nombre de primitives considérées pour l'auto-calibrage

CHAPITRE 4

CONCLUSION

Notre étude a porté sur la conception d'une méthode d'autocalibrage d'un système endoscopique.

Afin de réaliser cet objectif, une méthode de correction de distorsion et de calibrage photogrammétrique a été développée. Cette méthode donne de bons résultats et a été testée sur de nombreuses images endoscopiques pour plusieurs niveaux de zoom.

Puis a été conçue une méthode de suivi de mouvement du système endoscopique par le système Microntracker. Il a été établi que cette méthode permet une reconstruction 3D à partir de la caméra endoscopique qui implique une erreur de moins de 3 milimètres.

Enfin, nous avons exposé notre méthode d'autocalibrage. Cette méthode d'autocalibrage comporte une estimation automatique du point principal et de la focale. Les résultats montrent que l'autocalibrage est réalisable sur un système endoscopique avec quatre primitives seulement. L'erreur sur les focales est alors en moyenne de 10 %. Avec cinq primitives, l'erreur est alors de 5 % sur les expériences que nous avons réalisé. Il a été également montré qu'il est possible de reconstruire une scène en 3D, avec une erreur relative de 4 milimètres, à partir d'une caméra endoscopique simplement en calibrant la caméra à partir de la scène.

Aucune méthode d'autocalibrage pour une caméra endoscopique n'a encore été étudiée dans la littérature et les spécificités propre au modèle d'endoscope à vision oblique nous permet de proposer une méthode d'autocalibrage

161

par rotation pure, méthode efficace et demandant peu de primitives suivies en comparaison aux autres méthodes. Cette méthode permet ainsi de reconstruire en 3D un ensemble de primitives suivies le long d'une séquence par la caméra endoscopique.

L'apport essentiel de ce travail est d'avoir adapté une méthode d'autocalibrage pour une caméra endoscopique dont le modèle diffère du modèle standard.

Le module d'autocalibrage proposé pourra alors se greffer à l'intérieur d'un système de navigation pour la chirurgie thoracoscopique et pourra être testé prochainement pour une opération expérimentale sur miniporc.

Nous avons relevé quelques limites dans la section précédente auxquelles nous allons apporter des pistes de solutions.

- Pour éviter d'avoir à placer un marqueur sur la tête de la caméra pour estimer l'angle θ ce qui peut être problématique pour la manipulation de la caméra endoscopique, la solution de doter le coupleur entre la tête de la caméra et l'endoscope d'un encodeur rotatif serait judicieuse. Un encodeur rotatif est un système qui permet de connaître la rotation relative entre deux référentiels. Le coupleur serait alors modifié afin de pouvoir intégrer l'encodeur sur le système endoscopique.

- Pour porter cette méthode en temps réel, la synchronisation entre le suivi optique et la vidéo endoscopique doit être réalisée. Cette synchronisation est rendue possible en reliant les timestamps de la vidéo et du système optique. L'optimisation du code sera également nécessaire. Actuellement, l'estimation du point principal prend 0.14 secondes ; l'algorithme de suivi de mouvement pour une trame prend 0.25 secondes ; la méthode linéaire d'autocalibrage a un temps d'exécution de 0.12 secondes, l'optimisation non-linéaire qui suit prend 0.99 secondes. Ainsi la méthode d'autocalibrage au complet a

162

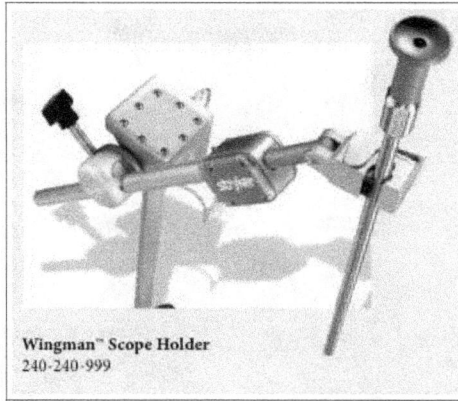

Figure 4.1 Bras Stryker

un temps d'exécution moyen de 1,5 secondes. Ainsi, il est très probable qu'avec une optimisation du code Matlab en C, on puisse réduire ce temps en substance.

- Le mouvement de rotation du système endoscopique est rendu très facile lorsque le système endoscopique est tenu par un bras mécanique. Nous avons d'ailleurs utilisé un bras Manfrotto pour tenir la caméra lors de nos expériences.

Il existe des bras dédiés pour le système endoscopique Stryker (voir figure 4.1 page 163).

Ainsi la rotation du système endoscopique tel qu'indiqué dans la méthodologie est possible en pratique et peut être réalisé en quelques secondes. Ces quelques éléments rendent le mouvement demandé moins contraignant. Plus encore, on peut considérer de tenir la caméra par un bras robotisé pour automatiser la procédure d'autocalibrage. En outre, si le choix d'un

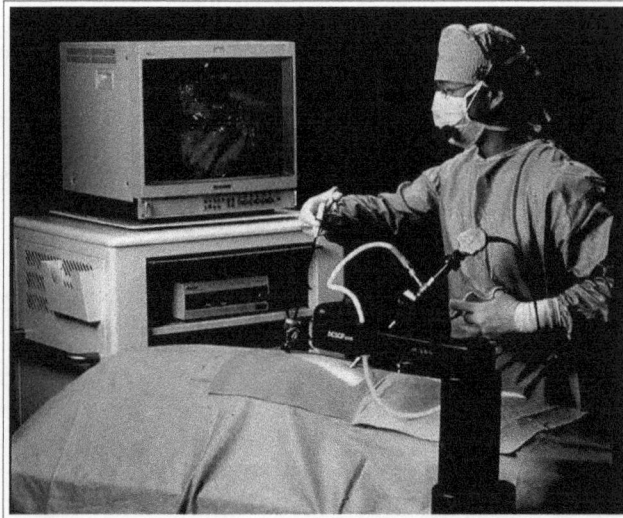

Figure 4.2 Robot Aesop utilisé en chirurgie thoracoscopique

bras également robotisé est adopté, le système de suivi de mouvement peut être simplifié puisqu'alors le mouvement du bras motorisé sera connu et les marqueurs ne seront plus nécessaires.

Plusieurs bras motorisés existent déjà en utilisation chirurgicale pour les chirurgies minimalement invasives comme le AESOP 3000 (voir figure 4.2 page 164).

Cette solution pourrait réduire le bruit sur l'estimation des paramètres extrinsèques.

- Pour améliorer la procédure d'autocalibrage et diminuer l'erreur d'identification des primitives, une des solutions serait d'avoir à disposition plus de primitives géométriques facilement identifiables dans la scène endoscopique.

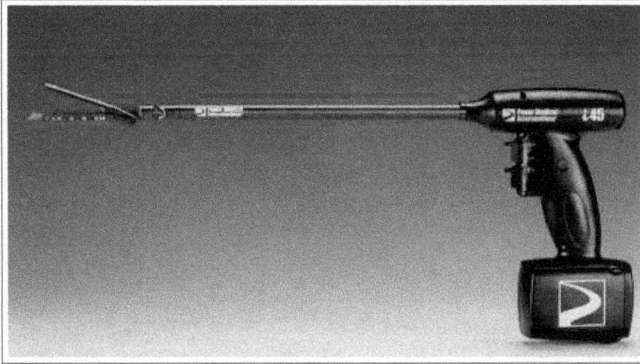

Figure 4.3 Bout de l'instrument intelligent de PMI

Ainsi, l'instrument chirurgical, toujours présent dans la scène, pourrait être conçu pour présenter un nombre plus important de primitives géométriques. C'est le cas notamment de l'instrument intelligent de la compagnie *Power Medical Intervention*(PMI) qui produit un instrument intelligent spéciale-ment pour les procédures de chirurgie thoracoscopique (voir figure 4.3 page 165).

Cet instrument est doté d'une articulation plus complexe pour faciliter le travail du chirurgien. Du point de vue de l'autocalibrage, cet instrument possède plus de primitives géométriques (voir figure 4.4 page 166). Il se-rait alors possible de réaliser un autocalibrage plus robuste en effectuant un mouvement quelconque puisque le bruit sur l'estimation des primitives serait réduit. Il serait également possible d'effectuer une reconstruction 3D sans avoir besoin de système de suivi de mouvement puisque les paramètres extrinsèques pourraient être automatiquement estimés lors de la procédure d'autocalibrage.

Ces recommandations pourraient réduire considérablement l'erreur de re-

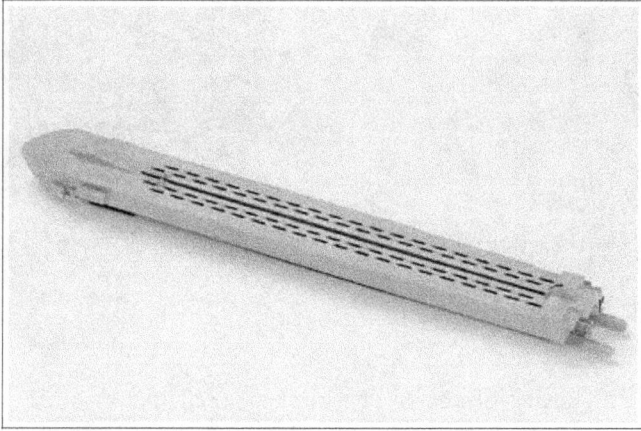

Figure 4.4 Instrument intelligent de PMI

construction 3D en diminuant le bruit d'identification des primitives et le bruit d'estimation des paramètres extrinsèques de la caméra.

Ce travail permet d'envisager plusieurs travaux :

• Grâce au travail sur l'autocalibrage de la caméra endoscopique, il est maintenant possible de reconstruire en 3D une scène à partir de l'endoscope. Cela va être utile notamment pour apporter de l'information 3D a priori que l'on sait nécessaire dans une méthode de reconstruction 3D par *Shape-from-shading*.

• Nécessitant comme prérequis une séquence thoracoscopique calibrée, une méthode de fusion multimodale entre le modèle 3D du patient et les images thoracoscopiques pourra être proposée afin de donner au chirurgien une information sur les structures anatomiques environnantes en combinant le modèle 3D à la séquence thoracoscopique.

166

RÉFÉRENCES

Agapito, L., Hayman, E., and Reid, I. (2001). Self-calibration of rotating and zooming cameras. International Journal of Computer Vision, **45**(2), 107 – 127.

Claron Technology Inc. (2008). http ://www.clarontech.com.

Das, K. and Rothberg, M. (2000). Thoracoscopic surgery : historical perspectives. Neurosurg Focus, **9**, e10.

Dickman, C. A., Rosenthal, D. J., and I.Perin, N. (1999). Thoracoscopic Spine Surgery. Thieme.

Habed, A. and Boufama, B. (2004). Camera self-calibration : a new approach for solving the modulus constraint. Proceedings of the 17th International Conference on Pattern Recognition, **4**, 116 – 19.

Haneishi, H., Yagihashi, Y., and Miyake, Y. (1995). A new method for distortion correction of electronic endoscope images. IEEE Trans. Med. Imaging (USA), **14**(3), 548 – 55.

Hartley, R. (1994). Self-calibration from multiple views with a rotating camera. Computer Vision - ECCV'94. Third European Conference on Computer Vision. Proceedings. Vol.I, pages 471 – 8.

Hartley, R. and Zisserman, A. (2002). Multiple View Geometry in Computer Vision. Cambridge University Press.

Karara, H. M. and Abdel-Aziz, Y. I. (1974). Accuracy aspects of non-metric imageries. Photogrammetric Engineering, **40**(9), 1107 – 1117.

Landreneau, R., Hazelrigg, S., Mack, M., Dowling, R., Burke, D., Gavlick, J., Perrino, M., Ritter, P., Bowers, C., and DeFino, J. (1993). Postoperative pain-related morbidity : video-assisted thoracic surgery versus thoracotomy. Ann. Thorac. Surg., 56, 1285–1289.

Lao, W., Cheng, Z., Kam, A., Tan, T., and Kassim, A. (2004). Focal length self-calibration based on degenerated kruppa's equations : method and evaluation. 2004 International Conference on Image Processing (ICIP) (IEEE Cat. No.04CH37580), Vol. 5, 3391–3394.

Lau, W., Leow, C., and Li, A. (1997). History of endoscopic and laparoscopic surgery. World J Surg, 21, 444–453.

Lonner, B., Kondrachov, D., Siddiqi, F., Hayes, V., and Scharf, C. (2007). Thoracoscopic spinal fusion compared with posterior spinal fusion for the treatment of thoracic adolescent idiopathic scoliosis. surgical technique. J Bone Joint Surg Am, 89 Suppl 2 Pt.1, 142–156.

Luong, Q.-T. and Faugeras, O. (1997). Self-calibration of a moving camera from point correspondences and fundamental matrices. Int. J. Comput. Vis. (Netherlands), 22(3), 261–289.

Mack, M., Regan, J., Bobechko, W., and Acuff, T. (1993). Application of thoracoscopy for diseases of the spine. Ann. Thorac. Surg., 56, 736–738.

Miranda-Luna, R., Blondel, W., Daul, C., Hernandez-Mier, Y., Posada, R., and Wolf, D. (2004). A simplified method of endoscopic image distortion correction based on grey level registration. Proceedings - International Conference on Image Processing, ICIP, 2, 3383 – 3386.

Mohan, A. and Das, K. (2003). History of surgery for the correction of spinal deformity. Neurosurgery Focus, 14, e1.

NDI (2008). http ://www.ndigital.com/medical.

Newton, P., Marks, M., Faro, F., Betz, R., Clements, D., Haher, T., Lenke, L., Lowe, T., Merola, A., and Wenger, D. (2003). Use of video-assisted thoracoscopic surgery to reduce perioperative morbidity in scoliosis surgery. Spine, **28**, S249–254.

Obenchain, T. (1991). Laparoscopic lumbar discectomy : case report. J Laparoendosc Surg, **1**, 145–149.

Pollefeys, M., Koch, R., and Van Gool, L. (1999). Self-calibration and metric reconstruction in spite of varying and unknown intrinsic camera parameters. Int. J. Comput. Vis. (Netherlands), **32**(1), 7–25.

Rivera-Rovelo, J., Herold-Garcia, S., and Bayro-Corrochano, E. (2008). Geometric hand-eye calibration for an endoscopic neurosurgery system. 2008 IEEE International Conference on Robotics and Automation. The Half-Day Workshop on : Towards Autonomous Agriculture of Tomorrow, pages 1418 – 23.

Rosten, E. and Drummond, T. (2005). Fusing points and lines for high performance tracking. In IEEE International Conference on Computer Vision, volume 2, pages 1508–1511.

Shahidi, R., Bax, M., Maurer, C.R., J., Johnson, J., Wilkinson, E., Wang, B., West, J., Citardi, M., Manwaring, K., and Khadem, R. (2002). Implementation, calibration and accuracy testing of an image-enhanced endoscopy system. IEEE Trans. Med. Imaging (USA), **21**(12), 1524–1535.

Smith, W., Vakil, N., and Maislin, S. (1992). Correction of distortion in endoscope images. IEEE Trans. Med. Imaging (USA), **11**(1), 117 – 22.

Stoyanov, D., Darzi, A., and Yang, G.-Z. (2005). Laparoscope self-calibration for robotic assisted minimally invasive surgery. Medical Image Computing and Computer-Assisted Intervention-MICCAI 2005. 8th International Conference. Proceedings, Part II (Lecture Notes in Computer Science Vol.3750), pages 114 – 21.

Sturm, P. (2002). Critical motion sequences for the self-calibration of cameras and stereo systems with variable focal length. Image Vis. Comput. (Netherlands), 20(5-6), 415 – 26.

Triggs, B. (1997). Autocalibration and the absolute quadric. Proceedings. 1997 IEEE Computer Society Conference on Computer Vision and Pattern Recognition (Cat. No.97CB36082), pages 609–614.

Tsai, R. (1987). A versatile camera calibration technique for high-accuracy 3d machine vision metrology using off-the-shelf tv cameras and lenses. IEEE J. Robot. Autom. (USA), RA-3(4), 323 – 44.

Tsai, R. and Lenz, R. (1989). A new technique for fully autonomous and efficient 3d robotics hand/eye calibration. IEEE Trans. Robot. Autom. (USA), 5(3), 345 – 58.

Wang, L., Kang, S., Shum, H.-Y., and Xu, G. (2004). Error analysis of pure rotation-based self-calibration. IEEE Trans. Pattern Anal. Mach. Intell. (USA), 26(2), 275 – 80.

Weng, J., Cohen, P., and Herniou, M. (1992). Camera calibration with distortion models and accuracy evaluation. IEEE Trans. Pattern Anal. Mach. Intell. (USA), 14(10), 965–980.

Willson, R. and Shafer, S. (1994). What is the center of the image? J. Opt. Soc. Am. A, Opt. Image Sci. Vis. (USA), 11(11), 2946–2955.

Willson, R. k. (1994). Modeling and calibration of automated zoom lenses. Proceedings of SPIE - The International Society for Optical Engineering, **2**350, 170–186.

Wu, C. and Jaramaz, B. (2008). An easy calibration for oblique-viewing endoscopes. 2008 IEEE International Conference on Robotics and Automation. The Half-Day Workshop on : Towards Autonomous Agriculture of Tomorrow, pages 1424 – 9.

Wu, Y. and Hu, Z. (2006). A robust method to recognize critical configuration for camera calibration. Image Vis. Comput. (Netherlands), **24**(12), 1313–1318.

Yamaguchi, T., Nakamoto, M., Sato, Y., Hashizume, M., Sugano, N., Yoshikawa, H., and Tamura, S. (2005). Development of camera model and calibration procedure for an oblique-viewing endoscope. Electron. Commun. Jpn. 2, Electron. (USA), **88**(2), 19 – 31.

Zhang, Z. (1999). Flexible camera calibration by viewing a plane from unknown orientations. Proceedings of the Seventh IEEE International Conference on Computer Vision, **1**, 666–673.

ALGORITHMES NUMÉRIQUES

Certaines des ressources utilisées pour la rédaction des deux prochaines annexes se trouvent en annexe du livre *Multiple View Geometry*

Régression polynômiale

Il s'agit de trouver les coefficients du polynôme suivant sachant que l'on connaît plusieurs valeurs qui relie x à y :

$$y = k_0 x + k_1 x^2 + \dots + k_n x_{n+1} \qquad (A.1)$$

Pour cela on calcule la matrice de Vandermonde et en notant x_i et y_i les valeurs connues, V la matrice de Vandermonde, on écrit :

$$y = k_0 x + k_1 x^2 + \dots + k_n x_{n+1} \qquad (A.2)$$

La décomposition RQ

Cette décomposition est utilisée dans notre méthode de calibrage pour décomposer la matrice de projection P en un produit de matrice $P = RQ$ où R est une matrice triangulaire supérieure (à l'image de K la matrice des paramètres intrinsèques de la caméra) et Q est une matrice orthogonale (à l'image de RT la matrice des paramètres de rotation de la caméra).

La stratégie pour décomposer la matrice P va être de multiplier cette même matrice par une combinaison de matrices orthogonales spécifiques afin que P devienne triangulaire supérieure.

Ces matrices orthogonales spécifiques sont les rotations de Givens de rang 3 qui sont simplement les rotations autour d'un axe de la base :

$$G_x = \begin{bmatrix} 1 & 0 & 0 \\ 0 & cos(\theta) & -sin(\theta) \\ 0 & sin(\theta) & cos(\theta) \end{bmatrix} \tag{A.3}$$

$$G_y = \begin{bmatrix} cos(\theta) & 0 & sin(\theta) \\ 0 & 1 & 0 \\ -sin(\theta) & 0 & cos(\theta) \end{bmatrix} \tag{A.4}$$

$$G_z = \begin{bmatrix} cos(\theta) & -sin(\theta) & 0 \\ sin(\theta) & cos(\theta) & 0 \\ 0 & 0 & 1 \end{bmatrix} \tag{A.5}$$

Ces matrices ont la propriété qu'elles laissent inchanger la colonne correspondante à l'axe de rotation.

Soit la matrice P définie ci-après que l'on veut décomposer :

$$P = \begin{bmatrix} P_{11} & P_{12} & P_{13} \\ P_{21} & P_{22} & P_{23} \\ P_{31} & P_{32} & P_{33} \end{bmatrix} \tag{A.6}$$

On commence par multiplier P par G_x pour que $P_{32} = 0$ en calculant les deux équations qui nous donnent la valeur de $cos(\theta)$ et de $sin(\theta)$. Puis on multiple PG_x par G_y pour que $(PG_x)_{31} = 0$. $(PG_x)_{32}$ reste nul puisque la colonne correspondante à l'axe y reste inchangée.

Enfin, on multiplie PG_xG_y par G_z pour que $(PG_xG_y)_{21} = 0$. L'opération implique une combinaison linéaire des deux premières colonnes et donc les termes des deux premières colonnes sur la troisième ligne restent nuls.

Ainsi, $PG_xG_yG_z$ est triangulaire supérieure et on pose :

$$R = PG_xG_yG_z \tag{A.7}$$

La matrice Q est trouvée en inversant la matrice $G_xG_yG_z$ produit de 3 rotations et donc orthogonales. Alors on peut écrire sachant que $P = RQ$:

$$R = RQG_xG_yG_z \tag{A.8}$$

Ainsi, par orthogonalité de $G_xG_yG_z$:

$$Q = (G_xG_yG_z)^{-1} = (G_xG_yG_z)^T = G_z^T G_y^T G_x^T \tag{A.9}$$

Résolution de système d'équation linéaire et homogène surdéter-miné

Pour trouver la solution d'un système linéaire à n inconnues et m équations où $m > n$ (système surdéterminé), on utilise la décomposition en valeurs singulières (on trouve une implémentation de l'algorithme dans *Numerical Recipes in C*).

La décomposition en valeurs singulières (SVD) d'une matrice consiste à factoriser la matrice en un produit de 3 autres matrices.

Soit une matrice quelconque P de taille mxn, on réalise une SVD en décomposant P de la façon suivante :

$$P = UDV^T \tag{A.10}$$

U est alors une matrice de taille mxn dont les colonnes sont orthogonales, i.e. $U^TU = I_{nxn}$. V est une matrice orthogonale de taille nxn et D est une matrice diagonale de taille nxn dont les termes diagonaux sont classés du plus fort au plus faible.

Soit un système linéaire homogène $Px = 0$ de vecteurs inconnues x où P est une matrice quelconque mxn, alors pour trouver x, on procède à la décomposition en valeurs singulières de P.

La solution x tel que $\|x\| = 1$ est la dernière colonne de la matrice des vecteurs singuliers V.

Effectivement, pour résoudre $Px = 0$ tel que $\|x\| = 1$, cela revient à minimiser $\|Px\|$ tel que $\|x\| = 1$.

Comme $P = UDV^T$, le problème revient alors à minimiser $\|UDV^Tx\|$. On sait que V et U sont des matrices orthogonales donc $\|UDV^Tx\| = \|DV^Tx\|$ et $\|x\| = \|V^Tx\|$. En posant $y = V^Tx$, le problème devient la minimisation de $\|Dy\|$ tel que $\|y\| = 1$.

Comme D est une matrice diagonale dont les valeurs diagonales sont ordonnées, la solution est le vecteur $y = (0, 0, ..., 0, 1)$. Ainsi la solution finale est $x = Vy$ qui est bien la dernière colonne de la matrice V.

Résolution de système d'équations surdéterminée Ax = b

Pour résoudre ce type de système, on décompose la matrice A en valeurs singulières comme dans la méthode ci-dessus.

Ainsi, on peut écrire :

$$A = UDV^T \qquad (A.11)$$

On pose alors $\mathbf{b}' = U^T\mathbf{b}$.

On trouve alors le vecteur $\mathbf{y}$ défini par $y_i = b'_i/d_i$ où d_i est le ième terme diagonal de la matrice D.

La solution est $\mathbf{x} = V\mathbf{y}$.

Résolution d'équation linéaire en utilisant les équations normales

Cette méthode va nous servir pour la résolution de la distorsion radiale dans la partie qui décrit la méthode de calibrage manuel.

L'idée est de résoudre une équation linéaire du type $Ax = b$ avec A matrice de taille mxn avec m>nce qui revient à minimiser la norme suivante $\|Ax-b\|$ étant donné qu'il n'y a pas de solution à ce système.

Il s'agit donc de trouver dans l'espace image de A, le vecteur le plus proche de b. Supposons que x soit ce vecteur, alors le vecteur $Ax-b$ est perpendiculaire à A (on peut faire l'analogie avec le point b le plus proche d'une droite A ; dans ce cas le point de la droite A le plus proche du point b est trouvé en traçant la droite perpendiculaire à A passant par b). Dans ce cas, c'est la même chose le vecteur $Ax - b$ doit être orthogonal à toutes les colonnes de A, i.e. $A^T(Ax - b) = 0$.

On peut donc écrire que le vecteur x solution est trouvé en résolvant le système suivant :

$$(A^T A)x = A^T b \qquad (A.12)$$

On peut également arriver au même résultat en notant que minimiser $\|Ax - b\|$ revient à minimiser $\|Ax - b\|^2$. En développant on obtient :

$$\|Ax - b\|^2 = (Ax - b)^T(Ax - b) = x^T A^T A x - 2x^T A^T b + b^T b \qquad (A.13)$$

La norme admet un minimum si et seulement si sont gradient est nul i.e. :

$$\nabla\|Ax - b\|^2 = 2A^T Ax - 2A^T b = 0 \qquad (A.14)$$

On retrouve l'équation A.12.

ANNEXE B

MÉTHODES ITÉRATIVES DE MINIMISATION

Itération de Newton

Soit X un vecteur de mesure; on cherche à minimiser $X - f(P)$ où P est un vecteur de paramètres et f une fonction quelconque non linéaire (dans notre utilisation f est une fonction non linéaire le plus souvent; par exemple la fonction de minimisation des méthodes géométriques).

Ainsi on cherche le vecteur $\hat{P}$ tel que $X - f(\hat{P})$ soit minimal.

Soit un vecteur de paramètre initial P_0, notons ϵ_0 tel que $X = f(P_0) + \epsilon_0$.

On veut faire évoluer P_0 pour minimiser ϵ_0. Posons alors Δ cette évolution. On peut approximer la fonction f en $P_1 = P_0 + \Delta$ en faisant intervenir la jacobienne de f égale à $\frac{\partial X}{\partial P}$. Effectivement on peut écrire la relation suivante :

$$X - f(P_1) = X - f(P_0) - J\Delta = \epsilon_0 - J\Delta \tag{B.1}$$

On doit donc minimiser $\epsilon_0 - J\Delta$ ce qui revient à résoudre un problème linéaire de minimisation. On trouve Δ en résolvant l'équation avec les équations normales vu plus-haut dans l'annexe des Méthodes numériques :

$$J^T J \Delta = J^T \epsilon_0 \tag{B.2}$$

Une fois que Δ est trouvé, on refait la même opération en prenant comme vecteur initial $P_1 = P_0 + \Delta$ jusqu'à aboutir à une convergence et un Δ inférieur à un certain seuil (par exemple fixé à 10^-15 dans Matlab).

Il est possible que l'algorithme converge vers un minima local; c'est pour cela que le vecteur initial doit être proche du vecteur final et qu'une méthode pour obtenir un tel vecteur telle que la méthode d'estimation géométrique des primitives est essentielle avant toute optimisation et surtout en présence de bruit.

Itération de Levenberg-Marquardt

L'algorithme d'optimisation de Levenberg-Marquardt est une variation de celui de Newton.

Lors de la résolution des équations normales pour trouver Δ, il est ajouté à la diagonale de la matrice $J^T J$ un certain λ fixé au départ à la valeur de 10^{-3}. Si Δ amène une réduction de l'erreur ϵ alors on divise d'un facteur de 10 λ. Si au contraire, le Δ calculé amène une augmentation de l'erreur alors on multiplie λ par un facteur de 10.

Pour une itération, on procède à cette règle et dès que le Δ produit une réduction de ϵ, on le choisit et on met à jour le vecteur de paramètres en ajoutant Δ.

Ce procédé permet d'accélérer la méthode de Newton surtout lorsque le vecteur de paramètres est grand. C'est pourquoi pour l'optimisation finale des paramètres, nous avons opté pour cet algorithme; effectivement, nous avons dépendamment du nombre de trame considéré, du nombre de primitives entre 20 et 40 paramètres.

Pour assurer la convergence, plusieurs règles ont été respectées :

- un seuil est fixé pour le résidu minimal toléré ;

- le nombre d'itérations est limité à un seuil raisonnable ;

- la tolérance sur la variation des paramètres est limitée également.

ANNEXE C

MÉTHODE DE DÉTECTION SEMI-AUTOMATIQUE D'UNE GRILLE DE POINTS COPLANAIRES OU NON COPLANAIRES

Nous allons ici présenter une méthode pour identifier les points rapidement sur une grille de points coplanaires ou non coplanaires tels que notre objet de calibrage.

Au préalable, l'algorithme de détection de coin de Rosten est utilisé (Rosten and Drummond, 2005).

Après cette détection, l'image de la figure C.2 page 182 est obtenue :

Ensuite l'utilisateur doit entrer les 3 points qui forment le premier carré.

Figure C.1 Détection des coins après algorithme de Rosten (Rosten and Drummond, 2005)

Figure C.2 Détection des points de la grille après identification des coins dans l'image

Ensuite, la méthode va chercher la moyenne des points détectés par l'algorithme de Rosten dans une région déterminée. Si la méthode ne trouve pas de points, l'utilisateur sélectionne alors manuellement les points jusqu'à ce que la méthode retrouve automatiquement des points.

Au lieu de 10 minutes par images en entrant manuellement les 120 points de la grilles, ces points sont identifiés en moins de 30 secondes ce qui est un gain de temps indéniable.

Cette méthode est efficace pour n'importe quelle grille de carrés.

www.ingramcontent.com/pod-product-compliance
Lightning Source LLC
Chambersburg PA
CBHW021049210326
41598CB00016B/1143